KB137792

지구의 밥상

일러두기

여기 실린 글은 모두 2015년에 취재한 것으로, 특별히 연도 표기가 되어 있지 않은 것은 해당 연도를 가리키며, 인터뷰에 나오는 이들의 나이 역시 이를 기준으로 했다.

지구의 밥상

세계화는 전 세계의 식탁들을 어떻게 점령했는가

구정은·김세훈·손제민·남지원·정대연 지음 | 강윤중 사진

글항아리

나우루는 남태평양의 작은 섬나라다. 인구가 채 1만 명도 되지 않는 외딴섬이지만 식생활은 세계 그 어느 곳보다 '글로벌화'되어 있다. 먹고 마시는 거의 모든 것은 외국에서 수입한 것들이다. 사방이 바다로 에워싸여 있으나 어업은 무너졌다. 이곳 사람들은 더 이상 고기를 잡지도, 채소를 키우지도 않는다.

통조림과 인스턴트 음식, 청량음료를 수십 년간 먹고 마신 끝에 섬 사람들은 모두 비만이 됐다. 이 섬 인구의 94.5퍼센트는 비만·과체중이고, 성인들은 거의 전부 당뇨병을 앓고 있다. 정크푸드가 들어가고 반세기 가까이 지난 지금 이 섬은 학자들이 '콜라식민지'라 부르는 곳이 돼버렸다.

아랍에미리트UAE는 국토 대부분이 사막이다. 그러나 두바이의 대형 마트에서는 신선한 채소들이 냉기 속에서 쇼핑객을 기다린다. 마트에서 파는 토마토에는 7개국의 원산지 표시가 붙어 있다. 두바이 인구의 80퍼센트 이상을 차지하는 이주노동자들의 밥상에는 9개국에서 난 음식이 올라온다. 이들이 먹는 채소는 에티오피아와 같은 나라들에서 들여온 것들이다. 사우디아라비아 등 걸프 산유국 사업가들은 아프리카에 현대식 농장을 짓고 채소와 과일을 키워 가져간다. 그 사이 에티오피아의 아이들은 옥수수죽을 먹으며 자란다.

'밥이 몸이다'라는 말처럼, 먹는 것이 우리 몸을 만든다. 개인의 몸만이 아니다. 먹거리는 정치·경제·사회의 모든 구조를 반영하며, 그 구조가 전부 합쳐져 나온 결과물이기도 하다. 글로벌화가 가장 크고 심각한 영향을 미치는 부문도 다름 아닌 먹거리다. 때아닌 '집밥 열풍'이 한국을 강타하고 있는 데서 보듯이 인간의 가장 기본적인 욕구인 식욕마저도 비즈니스 대상이 됐고, 밥을 짓고 먹는 행위는 글로벌화된 거대 산업의 톱니바퀴 속에 끼어들어간 지 오래다. '농업비즈니스 agribusiness'와 '콜라식민주의'에서 자유로울 수 있는 곳은 지구상 어디에도 없다. '밥상'은 세계가 얼마만큼 비슷해졌는지, 지역의 색깔과 전통이 어떻게 사라지고 있는지를 보여주는 생생한 지정학적 공간이 되었다.

하지만 동시에 우리 밥상은 여전히 세계에 존재하는 '차이'를 보여주기도 한다. 부국과 빈국 사이는 물론이고, 한 나라와 지역 안에서도 밥상의 차이는 곧 삶의 격차다. 영국과 프랑스의 마트에서는 농산물부터 심지어 젤리까지 유기농 마크가 붙은 값비싼 식품을 쉽게 찾아볼 수 있다. 반면 중산층이 많이 사는 런던 외곽의 이스트그린스테드에서는 실직자와 미혼모들이 푸드 뱅크(무료 급식소)에 생존을 의지하고 있다. 세계에서 인구가 가장 밀집한 지역인 인도 뉴델리 쿠숨푸르 빈민가의 밥상은 소박하지만 그래도 이곳 사람들은 지역에서 생산한 먹거리로 끼니를 채운다. 세계 사람들의 밥상을 통해 글로벌화의 가장 생생한 단면과 함께 건강하고 안전한 먹거리를 찾기 위한 노력을 소개한다.

프롤로그 _004

1

태평양의 '콜라식민지' 남태평양의 섬 나우루 _010

작은 섬이 보여주는 지구의 '우울한 미래' | 마트엔 냉동식품, 백사장엔 캔 조각 | '바다의 감옥'에 갇힌 난민들만 채소를 키운다

- 코카콜라를 많이 먹는 사람들은?
- 노예무역, 식민지, 전쟁······ 우울한 역사가 담긴 콘비프
- 항암물질이 들어 있는 식물 노니

2

석유로 키운 채소 아랍에미리트 두바이·아와사·훌라 _030

7개국에서 온 토마토, 5개국에서 온 양파 | 이주노동자의 밥상엔 세 대륙에서 온 식재료 | 걸프 부국의 '온실'이 된 에티오피아

- 아랍의 대표적인 음식들
- 치킨 코르마 요리법
- 커피의 고향, 에티오피아

1

태평양의 '콜라식민지'

남태평양의 섬 나우루

2015
06.28 - 07.01

라나(53세)는 초콜릿부터 먹으라고 권했다. 집 앞에서는 두 살에서 네 살 정도로 보이는 어린아이 예닐곱 명이 나무 탁자 위에 올라앉아 초콜릿과 사탕을 먹고 있었다. 무더위 때문에 초콜릿과 사탕은 녹아내렸고, 아이들 입가와 손에는 까맣고 빨간 단물이 묻어 있었다. 난민 캠프에서 경비원으로 일하는 라나의 아들이 호주를 다녀오는 길에 초콜릿과 사탕을 잔뜩 사왔다. 라나의 손주들은 그걸 펼쳐놓고 작은 잔치를 벌이고 있었다.

2015년 7월 초 방문한 남태평양의 섬나라 나우루 주민들과의 첫 만남은 그렇게 초콜릿을 앞에 놓고 이뤄졌다. 나우루는 자기들만의 언어를 갖고 있지만 사실상 영어를 공용어로 쓰고 있는 섬나라다. 인산염을 수출해 먹고사는 이 나라는 19세기 말 잠시 독일의 통치를 받았고, 제1차 세계대전 때에는 호주의 식민지가 됐으며 제2차 세계대전 때 또다시 일본에 점령당했다. 전후 유엔 신탁통치를 거쳐 독립 국가가 된 것은 1968년이었

나우루의 데니고모두에 있는 라나의 집 앞에서 라나의 손자들이 초콜릿과 사탕을 먹고 있다. 어릴 적부터 초콜릿과 비스킷, 콜라, 햄 등의 인스턴트식품을 먹고 자라는 탓에 나우루 주민들은 성인이 되면 대부분 비만해지고 당뇨병에 걸린다.

다. 1999년 '세계에서 가장 작은 공화국'으로 유엔 회원국이 됐다. 적도 바로 아래에 있는 나우루는 넓이 21제곱킬로미터에 해안선이 30킬로미터에 불과한 작은 섬이다. 호주 브리즈번에서 비행기로 4시간 30분 거리에 있다. 인구는 2014년 7월 기준으로 9500명이 조금 못 된다. 수도는 따로 없고 야렌 지역의 공항 활주로 앞 바닷가에 정부 청사와 의사당, 초등학교, 중학교, 경찰서, 소방서가 나란히 붙어 있다. 한때는 인산염 수출로 소득이 높았지만 지금은 쇠락해 재정의 상당 부분을 외부 원조에 의존한다. 산업이라고는 비료의 원료인 인산염 채굴과 소규모 코코넛 농장 정도가 전부다.

🍴 작은 섬이 보여주는 지구의 '우울한 미래'

이 작은 섬나라를 '지구의 밥상'을 돌아보는 출발점으로 삼은 것은, 우리가 먹거리를 두고 걱정하는 모든 것이 극단적인 형태로 나타나고 있는 곳이기 때문이다. 나우루 사람들은 뚱뚱하다. 물론 뚱뚱한 것은 죄가 아니다. 신진 대사량이 많은 사람도 있고, 적은 사람도 있다. 먹을 것을 즐기는 사람, 단것을 유독 좋아하는 사람도 있다. 그러나 한 지역 주민의 90퍼센트가 한두 세대 만에 비만과 과체중이 됐다면 그것은 사회의 구조적인 문제다.

나우루는 100년 가까이 인광산을 파헤친 끝에 섬 전역이 황폐해졌다. 수산업은 외국에서 온 원양어선들에 넘어갔고, 정부는 외국 배들에 조업허가권을 팔아 수입을 얻는다. 소규모 농경과 채집·어로를 하던 이 섬은 어느 날부터 정크푸드 천국이 되었다. 독립한 뒤 인스턴트식품들이 쏟아져 들어오면서 작은 섬은 '콜라식민지Coca-colanization'로 변했다. 외국산 식품의 쓰나미 속에 전통 먹거리 생산은 몽땅 경쟁력을 잃었다. 섬이라는 지리 조건이 큰 영향을 미친 것은 분명하다. 그런데 주민들은 고립된 반면 경제와 생활은 세계화의 물결에 휩쓸렸다. 정크푸드의 홍수, 바다 건너 어마어마한 거리를 옮겨다니는 식재료들, 토착 먹거리의 붕괴, 비만과 당뇨병. 세계 식량 체제의 '미래'가 나우루라면 지구는 어떻게 될까.

인산염을 실어 나르는 파이프와 항구 시설이 이어진 바닷가를 따라 걷다가 데니고모두에 있는 라나의 집에 들렀다. 초콜릿으로 배를 채운 아이들은 저녁 무렵 쏟아진 빗속에서 뛰어놀고 있었다. 라나의 가족들과 식사를 하고 싶었지만 '모두 함께하는 저녁'은 없다고 했다. 식구들 각자 아무 때나 내키는 대로 먹는다. 이유는 단순하다. 현대인의 식사 시간은 출퇴근과 등하교의 생활 리듬에 맞춰져 있다. 이곳에서는 그럴 필요가 없다. 2004년 미 중앙정보국CIA 통계에 따르면 이 나라의 실업률은 90퍼센트다.

라나의 가족은 아침에 눈뜨면 원하는 만큼 호주산이나 미국산 비스킷을 집어먹는다. 이날 오후 라나는 초콜릿을 먹은 뒤 손바닥만 한 호주산 햄 두 조각과 비스킷으로 요기를 했다. 라나는 스물여덟 살 된 딸 모키와 함께 집 1층의 작업실에서 재봉틀 두 대로 옷가지를 만들어 판다. 이곳에선 꽤 잘사는 편이지만 그의 집에는 제대로 된 부엌이

나우루 주민 라나가 집 마당 탁자에 앉아 호주산 햄과 비스킷을 먹고 있다. 라나는 식구들 모두 "아무 때나 내키는 대로" 끼니를 때울 뿐이지 식구 모두가 함께 밥상을 차려 먹는 일은 거의 없다고 했다.

없다. 요리는 거의 하지 않고, 햄·비스킷과 콜라를 먹거나 가까운 중국 식당에서 밥을 사다가 통조림과 함께 먹는다. 아이들은 인도네시아산 컵라면을 가장 좋아한다.

모처럼 외국 손님이 왔다며 이날 라나는 오랜만에 직접 작업실 옆에서 저녁 식사 준비를 했다. 메뉴는 볶음밥과 닭고기 조림, 쇠고기양배춧국이었다. 쌀은 호주산이고 볶음밥에 들어간 다진 채소 역시 호주에서 수입된 냉동 '채소믹스'였다. 조려낸 닭도, 국에 들어 있는 쇠고기와 양배추도 모두 호주산이었다.

"내가 어렸을 때에는 가게에서 먹을 걸 사먹지 않았지. 나트륨이나 아지노모토(일본산 조미료)도 없었어. 날마다 생선을 먹었어. 지금은 아침에 시리얼이나 비스킷을 먹고 점심에는 아무거나 먹는다."

건강은 당연히 나쁘다. 라나는 당뇨병 때문에 다리를 잘 쓰지 못했다. "계속 인스턴트 음식만 먹으면 당뇨병이 심해져서 나중엔 다리를 잘라내야 해. 하지만 여긴 전부가 당뇨병이야."

전통 식문화가 유지됐던 독립 이전에 나우루 사람들은 뚱뚱하지 않았다. 지금은 모두가 '오버사이즈'다. 세계보건기구WHO 통계에 따르면 현재 나우루 인구의 94.5퍼센트는 비만·과체중이고 인구의 40퍼센트가 당뇨병을 앓고 있다. 인구의 절반 이상이 아이들인 걸 감안하면 성인들은 너나없이 당뇨병에 걸려 있다는 소리다. 실제로 곳곳에서 다리를 잘 쓰지 못하거나 휠체어를 탄 사람들을 볼 수 있다. 섬 여러 곳에 "당뇨병은 우리 모두의 일"이라며 경고하는 벽화가 그려져 있다. 정부는 또 아이들이 운동할 수 있도록 트램펄린을 값싸게 공급해, 아이

지구의 밥상

라나가 차린 저녁 밥상이다. 쌀은 호주산이고, 볶음밥에 넣은 야채 역시 호주산 냉동 채소믹스다. 닭이나 국에 들어간 쇠고기는 물론 양배추까지 나우루 국내산은 없었다.

WHO 통계에 따르면 현재 나우루 인
구의 94.5퍼센트는 비만·과체중이고
인구 40퍼센트, 즉 성인의 대부분은
당뇨병을 앓고 있다.

가 많은 집은 대개 마당에 트램펄린을 두고 있었다. 하지만 걷거나 운
동하는 사람들은 찾아보기 힘들었다. 주변 섬나라들도 사정은 비슷하
다. 마셜제도에서는 2008년 기준으로 5만3000명의 인구 중 8000명
이 당뇨병을 앓고 있었다. 미크로네시아는 90.9퍼센트, 니우에는 81.7퍼
센트, 통가는 80.4퍼센트가 비만·과체중이다. 미국령 사모아는 주민
네 명 중 세 명이 비만이다. 토켈라우는 성인 인구 중 비만이 63.4퍼센
트, 키리바시는 50.6퍼센트다.

✖ 마트엔 냉동식품, 백사장엔 캔 조각

아이워의 슈퍼마켓에 갔다. 상품 진열대는 캔들이 점령하고 있었다. 사방이 바다인 섬에서 생선조차 모두 외국산을 먹는다. 꽁꽁 언 노르웨이산 고등어와 연어, 냉동 새우와 참치캔과 고등어캔. 아이워 지역의 카펠앤드파트너CAPPELLE & PARTNER는 섬에서 가장 큰 마트다. 선반을 메운 것은 역시 가공식품들이었다. 세계에서 코카콜라 다음으로 많이 팔리는 음료라는 스위스 네슬레의 네스카페와 베트남산 G7 커피믹스, 캔 음료와 통조림들이 즐비했다. 이곳에는 비록 호주산이지만 가공하지 않은 양배추와 오이, 피망 등의 채소들이 있었다. 마트 바깥의 '패스트푸드' 간판이 붙은 곳에서는 호주산 고기 패티가 들어간 햄버거와 네슬레의 초콜릿 음료 마일로를 팔았다.

나우루에서 여섯 집 건너 한 집은 중국 식당이다. 가게와 식당은 중국인들이 도맡고 있다. 섬에 두 곳 있는 슈퍼마켓은 물론이고 동네 작은 가게들도 컵라면과 청량음료, 과자를 주로 팔았다. 중국인 가게에서는 커피믹스에 얼음을 넣어 플라스틱 컵에 담은 아이스커피를 팔기도 했다. 그러나 채소를 파는 가게는 없었다. 익히지 않은 채소는 이들의 식단에서 완전히 사라진 듯했다.

정크푸드는 사람들의 입맛만 점령한 게 아니었다. 수풀 속, 바닷가, 고원과 라군 주변 모두 쓰레기 천지였다. 탄산음료 캔과 맥주 캔, 비닐 포장재가 섬을 뒤덮고 있었다. 쓰레기 처리시설도 없고 재활용도 없는 이 섬은 그렇게 쓰레기장이 돼버렸다. 기암괴석이 늘어선 바닷가 풍경

한 나우루 주민이 공항 부근 아이워 지역에 있는 슈퍼마켓에서 카트를 끌고 장을 보는 중이다. 슈퍼마켓의 진열대는 통조림이 점령하다시피 했다. 냉동된 채소와 육류, 해산물은 모두 호주를 비롯한 외국에서 수입한 것이다.

은 근사했지만 좁은 백사장은 캔 조각과 쓰레기로 덮여 발을 디딜 수
조차 없었다.

　야렌에 있는 리사(53세)의 식당에서 라나와 함께 점심을 사 먹었다.
라나가 고른 메뉴는 쇠고기를 소금에 절여 만든 콘비프. 역시 재료는
호주산이다. 라나는 짜디짠 콘비프를 콜라 한 캔, 환타 한 캔과 함께
먹었다. 식당 주인 리사는 "오늘은 생선이 없다"고 했으나 생선이 언제
들어오는지는 말해주지 않았다.

나우루 바닷가. 이곳은 쓰레기 더미가 되었고, 더 이상 어부들은 없다.

"예전엔 다들 고기를 잡았는데 지금은 고기를 잡을 줄도 몰라. 외국 물건이 들어오지 않으면 아마 우린 먹을 게 아무것도 없을 거야."

리사와 라나 모두 기후변화 걱정을 많이 했다. 나우루는 11월부터 2월까지가 우기다. 하지만 요새는 우기가 아니어도 비가 쏟아지고, 주기적으로 가뭄이 온다.

"바닷물 온도가 올라가 고기도 잡히지 않아. 그리고 예전엔 없었던 플루(전염병)가 늘었어."

수도 시설은 거의 없다. 일본이 원조해준 물받이 통에 빗물을 받아 쓰는 집이 많았다. 섬에 하나뿐인 담수화 시설도 아직 가동되고는 있으나 많이 낡았다.

오래된 먹거리 중 남아 있는 것은 코코넛 같은 과일 정도다. 섬 가운데에 부아다 고원이 있다. 가장 높은 곳이 해발 61미터에 불과한 평평한 고지대다. 그 안쪽에 라군(호수)이 있고 코코넛과 파파야 농장들이 있다. 라이널(50세)은 라군 옆에 판자를 덧댄 집에 산다. 코코넛과 파파야, 그리고 '아키마마'라 부르는 열대 과일을 따서 주민들에게 팔곤 한다.

라이널이 따다준 코코넛과 파파야는 맛있었다. 주민들은 이런 식물들로 약을 만들기도 한다. 라나의 남편 이오밥은 주민들이 보통 '포포'라 부르는 파파야의 잎을 달여 약을 만들었다. 파파야 달인 물을 먹으면 뱃속이 깨끗해지고, '노니Noni'라는 식물 이파리를 달여 먹으면 상처가 낫는다고 했다.

"노니는 우리가 오래전부터 약으로 쓰던 건데, 서양 사람들은 그걸

라나의 남편 이오밥이
전통 약재를 만들고
있다. 속이 안 좋든 겉
에 상처가 나든 이들
은 약재를 활용해 치
료한다.

라이널은 나우루에서
과일을 팔아 생계를 잇
는다. 그나마 가장 오
랜 전통을 지닌, 가공
하지 않은 먹거리가 과
일이다.

가져다가 팔아. 우리는 팔지 않아. 사람들을 돕는 데 쓸 뿐이지."

라나의 말이다.

공항 동쪽 아니바레 부근을 지나다가 '피시 마켓FISH MARKET'이라 쓰인 건물을 봤다. 지은 지 얼마 되지 않은 듯 어시장 간판의 페인트칠이 선명했다. 일 없이 어슬렁거리던 청년에게 어시장은 언제 열리느냐고 물었다. "그런 건 없다"고 했다. 청년은 "아무도 생선을 팔지 않는데 정부가 여기에 왜 이런 건물을 지었는지 모르겠다"고 말했다. 배를 타고 나가 참치를 잡아다 파는 주민들도 있긴 하지만 대부분 집에 고기를 보관해두고 조금씩 잘라서 이웃에게 파는 정도다.

아무도 생선을 팔지 않는 텅 빈 피시 마켓.

✕ '바다의 감옥'에 갇힌 난민들만 채소를 키운다

언덕 위 식당에는 광둥廣東 성에서 온 중국인 주인과 젊은 점원이 손님을 기다리고 있었다. 닭고기 카레를 주문했다. 역시 얼렸다 녹인 채소믹스를 썼고, 조미료가 하도 많이 들어가 목이 칼칼할 정도였다. 이곳 식당의 풍경은 비슷비슷하다. 작은 주방에 탁자 몇 개가 있고, 주로 광둥 성 출신인 중국인 주인과 난민 점원이 서빙을 한다. 메뉴는 모두 조미료와 나트륨이 들어간 볶음밥이나 국수다. 식당 앞에서 이란 출신 난민 메흐디와 친구들이 담배를 피우며 수다를 떨고 있다. 메흐디는 식당에서 일해 푼돈을 번다. 두 사람 모두 식당에서 50미터 정도 떨어진 난민용 컨테이너 집에 산다.

인산염 수출 외에 달리 소득이 없는 나우루는 호주로부터 원조를 받는다. 그 대신 호주는 이 나라에 난민들을 떠넘겼다. 작은 섬 복판에 난민 캠프를 만들고, 호주로 가고자 배에 몸을 실은 이란·이라크·팔레스타인 난민들을 가뒀다. 심사를 통과한 난민들은 캠프 바깥 컨테이너 집들로 거처를 옮기고 허드렛일을 하며 정착해 살아간다. 캠프에 아직 머무는 난민이 약 1700명, 밖으로 나간 난민은 줄잡아 수천 명이다.

캠프를 벗어난 사람들은 '자유 난민'이라 불리지만 그들의 자유는 섬에 한정되어 있다. 넘을 수 있는 국경도, 빠져나갈 배도 없는 이 섬은 버림받은 난민들을 가둬두는 천혜의 감옥이자 '세상의 끝'이다. 이라크에서 살던 팔레스타인인 하니(39세)는 2년 전 아내와 함께 이 섬에 왔다. 섬의 두 개뿐인 호텔 중 한 곳이자 최대 관광시설인 메넨 호텔 옆 난민촌에서 그는 하루 종일 아무 일 없이 앉아 있다.

"일자리는 거의 없다. 나우루 정부로부터 매주 돈 몇 푼을 받아먹고 산다."

난민들의 얼굴에는 절망이 그대로 묻어났다.

어찌 됐든 나우루 사람들 입장에서 보자면 난민 캠프는 몇 안 되는 일자리 중 하나다. 섬 전역에서 '트랜스필드Transfield'라 쓰인 유니폼을 입은 사람이나 버스들을 볼 수 있었다. 난민 캠프를 가리키는 이름이다. 트랜스필드에서 청소하는 여성들은 주급 200호주달러(약 18만 원)를 받는다. 난민들을 떠안은 대신 난민 캠프에서 일하고 원조를 받으면서, 주민들은 그 돈으로 콜라와 비스킷을 사 먹는다. 한때 정부가 인산염을 팔아 번 돈으로 기금을 만들어 앞날에 대비하겠다고 했지만 기금은 금세 바닥났고 '미래'도 날아갔다.

"인산염은 영원할 수 없는데, 그러고 나면 우리는 어떻게 될까? 등유가 떨어지면 밥도 못 하고, 고기 잡는 법도 다 잊었으니."

리사는 섬이 점점 더 '남의 것'이 되어가고 있다고 했다. 외지에서 온 먹거리, 외지에서 온 캔과 플라스틱, 외지에서 온 사람. 주민들은 중국인들에게 식당과 가게 터를 임대해주고, 그들의 음식을 사 먹는다. 역설적이지만 이곳에서 뭔가를 키우는 사람들은 외부에서 온 이들이다. 중국인들은 양배추 따위를 키워 요리에 쓰거나 주민들에게 판다. 난민들도 채소를 키운다. 니복 부근의 난민촌, 컨테이너 집 바깥에 울타리를 치고 중동에서 온 난민 가족들이 아마도 고향에서 그랬겠듯이, 토마토를 키우고 있었다.

코카콜라를 많이 먹는 사람들은?

　8온스(227그램)짜리 병 하나를 기준으로 했을 때 세계에서 코카콜라를 가장 많이 마시는 나라는 멕시코다. 멕시코 사람들은 2011년 1인당 728병을 마셨다. 칠레 460병, 미국 403병, 파나마 379병, 아르헨티나 345병 등 미주 대륙이 코카콜라의 주요 시장이었다. 코카콜라가 들어가 시장을 집계해본 나라들 중 콜라를 가장 외면한 곳은 인도와 말리로, 한 사람이 한 해에 12병을 마시는 데 그쳤다. 한국인은 84병을 마셔서, 세계 평균 92병보다는 조금 적었다.

　브랜드 가치를 조사하는 '인터브랜드Interbrand' 조사에 따르면 2015년 현재 코카콜라 브랜드는 세계에서 세 번째로 높은 가치를 갖고 있다. 코카콜라의 2014년 결산 보고서를 보면 코카콜라, 스프라이트, 환타 등을 포함해 세계 탄산음료 시장은 연간 1퍼센트 정도 커졌다. 차와 스포츠음료 등 비탄산음료 시장이 4퍼센트 확대된 것에 비하면 주춤하다.

　코카콜라가 미국 문화의 첨병처럼 인식되다보니, 코카콜라가 아닌 자체 브랜드로 승부하는 경쟁자들도 늘고 있다. 전통의 라이벌 펩시 외에도 남미에서 많이 팔리는 잉카콜라, 이란에서 생산하는 잠잠, 콜롬비아의 포스트본, 프랑스의 메카콜라, 독일의 아프리콜라, 스코틀랜드의 아이언브루와 잉글랜드의 키블라콜라가 유명하다. 특히 페루에서는 시장이 자체 브랜드들로 나뉘어, 잉카콜라와 콜라레알이 경쟁하고 있으며 두 브랜드 모두 라틴아메리카에서 널리 팔린다.

노예무역, 식민지, 전쟁······ 우울한 역사가 담긴 콘비프

　나우루 공항 옆, 리사가 운영하는 식당에서 라나가 주문한 콘비프를 함께 먹었다. 콘비프는 쇠고기를 잘게 썰어 암염岩鹽에 절인 것을 말한다. 작은 알갱이 모양의 암염 결정체가 옥수수 같다고 해서 이런 이름이 붙었다. 원래는 유럽 전역에 퍼져 있던 전통 염장법으로 저장하기 좋게 만든 쇠고기를 일컬었지만 지금은 캔에 들어 있는 인스턴트식품 형태로 많이 팔린다. 실제로 처음 먹어본 콘비프는 한국에서 많이 팔리는 캔에 든 쇠고기 장조림 맛과 비슷했다.

　겉보기엔 평범한 음식 같지만 콘비프에는 식민지와 산업혁명, 전쟁의 역사가 스며들어 있다. 주로 저소득층이 먹는 값싼 단백질 공급원으로 대량 생산, 판매되어온 음식인 까닭이다.

　콘비프가 대규모로 생산되고 팔리기 시작한 것은 16세기로 거슬러 올라간다. 유럽에서 미주 대륙까지 이어지는 노예무역, 이른바 '대서양 무역'과 식민지 개척 시기에 콘비프는 노예선과 식민지에서 많이 쓰였다. 콘비프를 주로 공급한 곳은 아일랜드였다. 더블린과 벨파스트 등지에는 쇠고기를 썰어 암염에 절이는 공장들이 들어섰다. 아일랜드에서는 주곡 작물인 감자가 흉작을 기록해 '감자 대기근'으로 불리는 사태가 일어나고 수많은 사람이 미국 등지에 저임금 노동자로 나가야 했는데, 같은 시기에 아일랜드의 쇠고기는 자기네 민족이 아닌 남의 나라 식민지 운영에 필요한 수출품이 되었던 것이다.

　프랑스가 카리브 해의 섬들에 사탕수수 플랜테이션 농장을 만들면서 콘비프는 식민지에 정착한 프랑스인들과 노예노동자들의 주된 먹거리 중

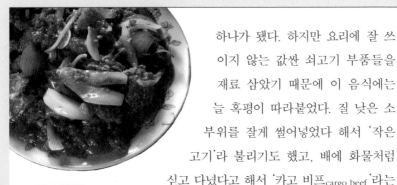
콘비프.

하나가 됐다. 하지만 요리에 잘 쓰이지 않는 값싼 쇠고기 부품들을 재료 삼았기 때문에 이 음식에는 늘 혹평이 따라붙었다. 질 낮은 소 부위를 잘게 썰어넣었다 해서 '작은 고기'라 불리기도 했고, 배에 화물처럼 싣고 다녔다고 해서 '카고 비프cargo beef'라는 별명으로도 불렸다.

이 음식이 식품공장에서 대량 생산되기 시작한 것은 영국의 산업혁명 때였다. 17세기 중반부터 19세기까지 산업노동자들의 단백질 공급원으로 널리 유통됐다. 통조림 형태가 보급된 것은 제2차 세계대전 때부터다. 군인들의 보급품으로 많이 지급됐기 때문이다. 영국 해군함대들도 장기간 항해할 때 깡통에 든 콘비프를 싣고 나갔다고 한다.

전쟁 시기에 콘비프를 주로 생산한 나라는 중미의 농업대국 우루과이였다. 우루과이 서부의 프라이벤토스가 콘비프의 주요 산지였다. 우루과이는 1943년 한 해에만 콘비프 캔 1600만 개를 수출했다. 지금은 브라질이 그 뒤를 이었다. 2015년 5월 '브라질 경제Brasil Econômico'에 따르면 전 세계에서 유통되는 콘비프의 80퍼센트가 브라질산 쇠고기로 만들어진다.

항암물질이 들어 있는 식물 노니

나우루에서 만난 라나는 '노니'라는 식물을 이용해 전통적으로 약을 달여왔다고 했다. 우리 몸의 자연치유력을 높이는 데 탁월한 효과가 있는 것으로 알려진 노니는 열대지방에서 자라는 대표적인 약용식물이다. 항암작용을 할 뿐만 아니라 혈압을 낮추고 소화를 돕는다고 알려져 있다. 열대지역의 주민들은 항균·진통·진정 등 여러 목적에 노니를 사용한다.

노니는 꼭두서니목 꼭두서닛과의 상록수로 학명은 모린다 시트리폴리아_Morinda citrifolia_다. 하와이를 비롯한 태평양 섬들에 자생하며 중국 남부와 호주, 인도에서도 자란다. 중국의 옛 식물도감인『중국본초도록中國本草圖錄』에도 노니에 관한 항목이 실려 있다. 중국에서는 복통과 무기력증, 생리불순을 치료하는 데 많이 썼다고 한다. 키는 10미터까지 자란다.

감자처럼 생긴 열매에는 섬유질과 즙이 많다. 탄수화물, 비타민 A와 C, 니아신(니코틴산)과 같은 성분이 많이 들어 있다. 노랗고 울퉁불퉁한 열매가 완전히 익으면 따서 주스를 짜내는데, 썩은 치즈 같은 고약한 냄새를 풍기는 탓에 단맛이 강한 다른 과일과 섞어 마시곤 한다. 그래서 호주에서는 치즈 프루트cheese fruit 라 부르기도 한다. 타히티 섬과 프랑스어권에서 부르는 이름은 노노nono다. 인도에서는 인도오디Indian mulberry라는 이름으로 통한다.

2

석유로 키운 채소

아랍에미리트
두바이 · 아와사 · 훌라

2015
06.15-16
06.22-25

아랍에미리트의 경제 중심지 두바이. 지구상에서 가장 높은 828미터짜리 빌딩 부르즈 할리파 옆에는 세계에서 가장 큰 쇼핑몰이라는 두바이몰이 있다. 바깥 세상이 아라비아 해가 내뿜는 습기와 사막의 열기로 삶아질 것만 같은 여름날에도 드넓은 두바이몰은 별세계처럼 서늘하다. 검은색 '아바야'로 온몸을 가린 여자들과 긴 '토브'를 입고 수염을 기른 남자들이 돌아다니는 이 쇼핑몰 지하, 영국계 고급 식료품점 웨이트로스에는 7개국에서 온 토마토가 진열되어 있었다. 네덜란드, 남아프리카공화국, 스페인, 프랑스, 영국, 멕시코, 요르단에서 온 토마토들은 밭에서 방금 따온 듯 빨갛고 탱글탱글했다.

바로 옆에는 색도 모양도 가격도 가지가지인, 상처 하나 없이 깨끗한 사과가 쌓여 있다. 사과의 고향은 칠레와 남아공, 미국, 프랑스다. 감자는 7개국에서 왔고 양파는 5개국에서, 멜론은 4개국에서 온 것이다. 드넓은 마트의 채소 코

이란

이집트

사우디아라비아

두바이 ●

홍해

수단

아덴 만

아라비아 해

에티오피아

● 아와사

너에서 현지산 채소는 파프리카 한 종류와 오이 한 종류뿐이었다.

🍴 7개국에서 온 토마토, 5개국에서 온 양파

이슬람 성월聖月 라마단을 사흘 앞둔 2015년 6월 15일 두바이 에미레이트몰 지하의 카르푸에서는 일곱 살 난 딸과 네 살 난 아들을 데리고 나온 주부 하딜(31세)이 대추야자를 꼼꼼히 살펴보고 있었다. 낮 금식을 마친 무슬림들이 속을 달래기 위해 먹는 것이 대추야자다. 하딜의 쇼핑 카트 안에는 아시아와 유럽, 아프리카와 미주산 채소가 모두 담겼다. 스페인산 콜리플라워와 인도산 망고, 튀니지에서 난 가지, 필리핀산 바나나, 호주산 감자, 요르단산 토마토, 미국산 오렌지. 남편 그리고 두 아이와 먹을 것들이다.

"여기엔 우리 나라에서 농사지은 채소는 없어요. 보시다시피 이곳은 농사를 지을 수 없는 땅이거든요."

팔레스타인 태생인 하딜의 아버지는 중동전쟁을 피해 두바이로 이주했다고 한다. 하딜의 아버지가 살던 곳은 올리브와 채소가 잘 자라는 비옥한 땅이었지만 지금은 이스라엘이 정착촌을 지었다고 그는 말했다.

유럽계 고급 대형 마트에서 나와 두바이 서민들이 애용한다는 인도계 슈퍼마켓 체인 룰루하이퍼마켓을 찾았다. 웨이트로스나 카르푸에 비해 잎채소는 시들시들하고 토마토 꼭지는 말라 있었다. 유럽과 북아프리카, 호주 대신 인도나 방글라데시, 오만에서 온 채소가 주류였다. 여기에도 물론 현지 채소는 없다. 버섯 몇 종류만 초라하게 UAE산 이름표를 달고 있었다. 남아공에서 온 배와 필리핀 바나나, 이란 멜론, 호주 포도, 오만 파프리카를 장바구니에 넣은 인도네시아 출신 이민자 가르시(40세)와 이야기하고 있는데 쇼핑 카트를 밀고 지나가던 검은색 아바야를 걸친 할머니가 끼어들었다.

"두바이 음식에 관심 있다고? 로컬 푸드local food를 찾아? 그러면 잘못 왔어. 이 나라에선 채소가 나지 않아. 다 수입해온 거야."

사람도 음식도 모두 다른 곳에서 흘러들어온 도시가 두바이다. UAE

아랍에미리트연합 두바이 에미리트몰 내에 있는 대형 마트 카르푸에 진열된 채소와 야채들. 현지산, 즉 로컬 푸드는 거의 없고 모두 수입된 것이다.

는 아부다비와 두바이를 비롯한 7개의 에미리트emirate(토후국)가 연합하여 세워졌다. 두바이는 아부다비 다음으로 큰 에미리트다. 지금이야 중동의 허브이자 손꼽히는 부자 도시이지만 1930년대까지만 해도 두바이는 진주를 채취해 먹고살던 어촌이었다. 허허벌판이던 이곳 사막에 고층 빌딩이 세워지기 시작한 것은 고작 30여 년 전이고, 본격적으로 성장한 것은 걸프전(1991) 이후다. 정정政情이 불안한 중동에서 그래도 개방적이고 안정된 두바이가 투자처로 급부상했기 때문이다. 인구도 폭발적으로 늘었다. 2013년 기준 두바이 인구의 약 10~15퍼센트만 UAE 시민권자이고, 나머지는 외국인 이주자다. 외국인 대부분은 인도와 파키스탄 출신 노동자. 지하철을 점령한 사람들, 값싼 슈퍼마켓에서 장 보는 사람들은 대부분 한눈에 남아시아계임을 짐작할 수 있었다. 두바이의 '평범한 시민'은 이 나라 국민이 아닌 이주노동자인 셈이다.

두바이 외곽 주택가에 사는 파키스탄 노동자 무함마드 이스마일(46세)의 집에 초대받아 점심식사를 함께했다. 인도와 파키스탄의 국경에 걸쳐 있는 펀자브 출신인 무함마드는 12년 전 일자리를 찾아 두바이로 왔다. 그는 파키스탄에서 온 다른 이들에 비해 꽤 성공한 편이다. 일본계 회사에서 근무하며 월 6500디람(약 207만 원)씩 벌던 시절도 있었다. 빠듯하지만 아내와 세 아들을 데리고 두바이에서 살림을 꾸릴 수 있었다.

그러던 중 2008년 두바이를 유령도시로 만든 금융위기 때 무함마드는 일자리를 잃었다. 어렵게 새 일을 찾았지만 월급은 1500디람 수

치킨 코르마

로티

무함마드 이스마일 가족이 아랍에미리트연합 두바이 교외 라시디아에 위치한 집에서 치킨 코르마와 밥,
로티로 점심식사를 하고 있다.

준으로 뚝 떨어졌다. 가족과 함께 두바이의 높은 생활비를 감당하기엔 무리였다. 취업비자를 받은 무함마드만 남고 나머지 가족은 고향으로 돌아갔다. 그 뒤 그는 홀로 떨어져 지내고 있다. 지금은 번듯한 수리 센터에서 관리직으로 일하며 월 5000디람을 벌지만 이 돈으로 두바이에서 가족을 부양하기에는 부족하다.

"아내와 통화할 때면 제가 늘 오늘의 메뉴는 뭔지 물어봐요. 아내가 만드는 음식은 정말 맛있거든요."

돈벌이에 치여 1년에 한두 번밖에 고향을 찾지 못하는 그는 늘 아내와 어린 아들들이 그립다.

🍴 이주노동자의 밥상엔 세 대륙에서 온 식재료

무함마드의 아내와 아이들은 6월 초 방학을 맞아 두바이로 왔다. 1인당 1200디람만 내면 되는 셰어하우스에 사는 그는 한 달 동안 두바이에 머무를 가족을 위해 월급의 반이 넘는 3000디람을 내고 부엌과 화장실, 마당이 딸린 도시 외곽의 원룸을 빌렸다. 한 달 동안 그는 새벽같이 출근했다가도 점심때면 집으로 돌아와 가족과 함께 식사를 했다.

무함마드의 아내 루비나 나즈(39세)가 요리한 점심은 파키스탄의 전통 닭조림 '치킨 코르마korma'와 전통 빵 로티roti, 밥이다. 여기에 아이들을 위한 비타민 음료와 스프라이트, KFC 치킨을 곁들였다. 후식으로는 멜론과 서양배, 바나나가 나왔다. 파키스탄인과 한국인이 함께

무함마드의 아내 루비나 나즈는 이국땅에 홀로 있는 남편이 매일같이 그리워할 만큼 요리 솜씨가 훌륭하다. 그녀가 부엌에서 파키스탄 전통 음식을 조리하고 있다.

둘러앉은 두바이의 식탁은 3개 대륙을 품고 있었다. 냉동 닭은 사우디아라비아산, 닭 요리에 들어간 향신료는 파키스탄산, 쌀은 인도산, 치킨 코르마 위에 뿌려서 밥과 함께 먹는 올리브는 스페인산, 멜론은 오만산, 서양배는 미국산, 바나나는 필리핀산. 비타민 음료는 일본산이고 스프라이트와 KFC는 미국 회사의 것이다.

　사람들이 사막의 신도시로 이주해온 것처럼, 사막에서 자랄 수 없는 식료품도 모두 해외에서 온다. UAE에는 오만 접경지대에 있는 알아인의 일부 지역을 제외하고는 농사지을 수 있는 땅이 없다. 강도 지하수도 없는 사막지대라 물이 절대적으로 부족한 탓이다.

두바이는 물 공급의 99.8퍼센트를 해수 담수화 플랜트에 의존한다. UAE의 식량 수입 의존도는 85~90퍼센트에 달한다. 석유로 번 돈을 써 신선한 채소를 사들이는 것이다. 척박한 사막지대에서 석유로 먹고 사는 사우디와 쿠웨이트, 카타르 등 다른 걸프 국가들도 마찬가지다.

걸프에 채소를 파는 나라 중 하나가 에티오피아다. 아덴 만湾을 건너면 바로 아라비아 반도와 만나는 '아프리카의 뿔' 지역에 있는 데다 인근 소말리아나 에리트레아 등에 비해 정치가 안정되어 있고 치안도 좋은 편이다. 비옥하고 드넓은 땅에는 고도와 기후를 고려하여 어떤 작물이든 심을 수 있다. 에티오피아에서 땅은 모두 정부 소유인데, 정부가 외국인 투자 유치에 적극 나서고 있어 토지 임대료가 아주 값싸다. 농업노동자들의 임금은 월 600비르(약 3만4000원)에 불과하다.

수도 아디스아바바에서 남쪽 도시 아와사로 가는 길, 잘 닦인 도로 곳곳에 비닐하우스 수백 채가 밀집한 단지가 보였다. 한 비닐하우스 단지 앞에는 초록색 제복을 입은 사람들이 하우스 셋 걸러 한 명꼴로 앉아 감시하고 있었다. 열린 하우스 문틈 사이로 화려하게 피어 있는 붉은 장미가 보였다. 드넓은 밭 위에서 수많은 사람이 붉은 양파를 따는 모습도 볼 수 있었다. 라디오에서는 '호라이즌 플랜테이션horizon plantation'이라는 농업 기업이 신선한 파파야가 있다며 홍보했다.

농장의 상당수는 외국인 투자자들이 직접 운영한다. 사우디의 에티오피아계 억만장자 모하메드 알아무디가 대표적인 농업 기업가다. 그가 소유한 한 농업 기업의 광고 문구는 이렇다.

"모든 채소와 과일은 유럽과 중동 시장이 요구하는 기준을 충족시

킵니다. 에티오피아는 고품질의 채소와 과일을 생산할 수 있는 잠재력을 갖춘 곳입니다."

이 회사는 손만 대면 이슬이 묻어날 것 같은 토마토와 파프리카, 호박과 가지 같은 채소들이 드넓은 온실 안에 끝없이 펼쳐져 있는 사진들로 온라인 마케팅을 한다. 에티오피아 전국에 6곳의 대규모 농장을 운영하며 100여 종의 채소와 과일, 꽃을 키운다.

🍴 걸프 부국의 '온실'이 된 에티오피아

농산물은 수확한 즉시 그 자리에서 상자에 포장되어 사우디나 쿠웨이트, UAE 등으로 실려간다. 갓 딴 토마토들이 아디스아바바를 거쳐 비행기로 사우디의 제다나 두바이 등 걸프의 도시들로 운송되는 데는 24시간도 채 걸리지 않는다. 일부는 아디스아바바의 고급 식료품점이나 호텔로 옮겨간다. 나이지리아 등지의 아프리카 국가들로 수출되기도 한다.

많은 부자 나라가 다양한 이유로 에티오피아에 농장을 세운다. 특히 2000년대 후반 세계 식량위기 이후, 걸프 국가들은 안정적으로 식량을 들여오기 위해 곡식을 직접 수입하는 대신 해외에 농장을 만들기 시작했다. 그중에서도 곡물 생산에 적극적인 국가는 사우디였다. 아라비아 반도 최대 밀 생산국인 사우디는 2008년 물을 절약하기 위해 국내 밀 생산량을 12퍼센트 줄이는 대신 해외에 농장을 건설하겠다고

에티오피아 남부 시다마 지역의 홀라에 사는 농민 파노세가
부엌 한옆에 저장해둔 고초를 정리하고 있다.

홀라에 사는 소녀 담보베(6세·맨 왼쪽)가 남동생 아윌(4세)과 할머니, 엄마 하지투, 오빠 투테(12세), 아버지 아메드와 함께 저녁식사를 하기 위해 모여 있다. 메뉴는 전통 음식인 고초와 옥수수죽이다.

에티오피아 농장의 노동자들.

발표했다.

　꽃도 에티오피아의 대표적인 특산품이다. 유럽 국가들은 관상용으로 에티오피아에서 꽃을 재배한다. 바이오 연료용 옥수수를 기를 땅을 찾는 투자자도 있다. 하지만 에티오피아는 세상에서 가장 가난한 나라 중 하나다. 1인당 국내총생산GDP이 1500달러 수준에 불과하다. 걸프의 쇼핑몰에 진열된 신선한 토마토나 양배추, 브로콜리 등 비싼 채소는 에티오피아 농민들의 식탁에는 올리지 못하는 것들이다.

　2015년 6월 24일 오후, 아와사 부근 시다마 지구의 홀라에 있는 나세르 아메드(55세)의 집을 찾았다. 홀라의 정식 이름은 하게레 셀람

홀라의 한 곡물 상인이 에티오피아에서 주식으로 먹는 시큼한 빵 '인젤라'의 원료가 되는 곡식인 테프를 빻은 가루를 체에 걸러내고 있다.

Hagere Selam이지만 주민들은 이탈리아인들이 잠시 점령했을 때 부르던 '홀라'라는 이름으로 부르곤 한다.

나세르는 아내와 열두 살, 여섯 살, 네 살 된 세 아이, 그리고 늙은 어머니와 함께 유칼립투스 나무로 엮은 움막처럼 지어진 전통 가옥에 산다. 아내 하지투는 전기도 들어오지 않는 어두컴컴한 집 안에 불을 피워놓고 저녁 준비를 하고 있었다. 매캐한 연기가 집 안에 가득하다 못해 천장이 새까맣게 변색되었다. 이날 나세르 가족의 저녁 메뉴는 시다마의 전통 음식인 양배추와 함께 조리한 '고초kocho'와 멀건 옥수수죽이 전부였다.

생김새가 바나나를 닮은 고초는 열매가 열리지 않는 식물 '엔세트enset'의 뿌리와 줄기를 다진 뒤 오랜 시간 발효시켜 만드는 음식이다. 단백질을 섭취하기 위한 고기나 생선, 아이들에게 꼭 필요한 생채소나 과일은 밥상에 없었다. 나세르는 "내가 조금이라도 더 벌면 아이들에게 과일도 사줄 수 있을 텐데"라며 한숨을 내쉬었다.

그는 방앗간에서 일하며 월 500비르(약 2만6000원) 안팎을 번다. 그의 가족은 대개 하루 두 끼밖에 먹지 못한다. 홀라에서 교육·식량 지원 사업을 하는 월드비전에 따르면 이 지역에서 하루 세 끼를 다 채우지 못하는 사람이 전체 3분의 1에 달한다. 사업 시작 전인 2007년보다는 절반가량 줄어들었지만 아직도 갈 길이 멀다.

가난한 농민들이 끼니를 굶고 채소를 먹지 못하는 것이 에티오피아에 투자한 부자 나라의 탓만은 아니다. 외국인들의 아프리카 농장 개척이 한창 이슈가 됐던 2010년, 에티오피아 정부 대변인은 영국 『가디언』지에 "전국의 농지 7400만 헥타르 중 현재 농민들이 쓰는 땅은 15퍼센트에 불과하다. 농지 전체의 3~4퍼센트만 외국인 투자자들에게 내줬다"며 "그들이 농민들의 땅을 빼앗아간 것이 아니"라고 해명했다.

외국인 투자자들은 외화에 의존하는 에티오피아 경제에 활력을 불어넣을 수도 있고, 새 일자리를 만들 수도 있다. 한편 아와사에서 만난 한 농업 전문가는 "일자리도 생기고 외화도 들어오지만, 지역 농업에 문제가 일어나는 것은 맞다"고 말했다. 대규모 농장들이 멀리 떨어진 곳에서 물을 끌어오거나 지하수를 퍼 올리는 바람에 농민들이 자기 밭에 물을 대지 못하게 된 경우도 있고, 큰 농장들이 퍼붓는 화학비료에 흙이 오염된다는 게 그의 설명이다.

 분명한 사실은, 척박한 땅에 자리잡은 부자 나라들이 신선한 채소와 과일뿐만 아니라 물 문제와 연료 문제까지 해결하기 위해 가난한 나라에 돈을 내고 비옥한 땅과 값싼 인력을 사들이고 있다는 점이다. 이탈리아 저널리스트 스테파노 리베르티는 이런 현상을 '땅 뺏기Land-Grabbing'라 부르며 이 현상이 장기적으로 글로벌 식량 불균형 문제를 악화시키고 있다고 지적했다. 두바이의 마트에 신선한 채소가 늘어날수록, 에티오피아에서는 더 많은 사람이 땅을 잃고 저임금 노동자가 된다.

아랍의 대표적인 음식들

  아라비아 반도부터 북아프리카까지, 아랍어를 쓰는 지역을 아랍이라고 부른다. 아랍 요리는 강한 향신료와 유제품을 풍부하게 사용하는 게 특징이다. 이슬람 문화권이기 때문에 돼지고기는 먹지 않고, 술 문화도 발달하지 않았다. 레바논의 기독교인 거주지에서나 돼지고기가 소비된다. 육류 중에서는 양고기와 닭고기가 인기가 가장 높고 쇠고기와 염소고기, 낙타고기도 꽤 먹는다.

  지중해를 끼고 있는 마그레브(북아프리카) 지역의 음식은 매우 다채롭고 화려하다. 특히 모로코 요리는 세계적으로 유명할뿐더러 한국에도 꽤 알려져 있는 편이다. 마그레브의 대표적인 요리는 쿠스쿠스couscous다. 단단한 듀럼밀을 거칠게 갈아 만든 밀가루 세몰리나를 좁쌀만 한 크기로 뭉쳐서 만든 파스타의 일종으로 쪄서 스튜와 함께 먹는다. 뚝배기 비슷한 냄비에 약한 불로 자작하게 끓여낸 타진tajine도 인기가 많다. 워낙 물이 부족한 지역이라, 물을 아주 적게 넣거나 아예 넣지 않고 재료 자체의 수분만으로 조리하는 것이 특징이다. 타진의 주재료는 보통 닭고기나 양고기이지만 생선을 사용하기도 하고, 채소로만 끓여내기도 한다. 생강이나 미나리과의 허브 커민, 사프란 등의 향신료와 파프리카, 고추 등도 들어간다. 견과류나 말린 과일도 넣어 새콤달콤한 맛을 낸다. 타진은 빵이나 쿠스쿠스와 함께 먹는다.

  원래 '불에 구운 고기'라는 뜻인 케밥은 터키 요리로 알려져 있지만 사실 아랍을 포함한 중동 전역과 남아시아에서까지 먹었다. 이라크에서는 케밥을 매우 부드럽게 익혀 먹는다. 병아리콩이나 잠두콩을 으깨서 공 모양으로 반죽해 튀긴 팔라펠falafel은 이집트와 팔레스타인의 대표 음식이다. 팔라펠은 이스라엘에서도 즐겨 먹는다. 이스라엘과 아랍은 팔라펠의 소유권을 놓고도 수십 년 동안 다퉜다.

오스만의 영향과 인도의 영향을 동시에 받은 예멘 음식은 여느 아랍 음식들과는 완전히 다르다. 쇠고기나 유제품은 거의 먹지 않고, 생선 요리를 즐겨 먹는다. 예멘의 대표 음식은 북부 지방에서 널리 먹는 살타saltah라는 스튜다. 살타는 갈색 고기 육수에 콩과 채소와 향신료, 고기 등을 끓여 만들며, 납작한 빵과 함께 먹는다. 계란이나 쌀, 감자 등 부재료가 들어가기도 한다.

테이트date라 불리는 대추야자는 아랍의 대표적인 간식이다. 무슬림들은 성월 라마단 기간 동안 해가 떠 있는 동안 금식을 하며, 해가 진 뒤 그날의 첫 식사를 한다. 빈속을 달래기 위해 가장 먼저 먹는 음식이 대추야자다. 평소에도 많이 먹지만 라마단 기간에는 대추야자를 시장부터 백화점까지 어디서나 볼 수 있다.

치킨 코르마 요리법

　얇게 썬 생강과 마늘 각 2쪽, 가람 마살라(인도 향신료) 2티스푼, 고춧가루 약간과 다진 아몬드 반 컵을 잘 섞는다. 여기에 토막 낸 닭고기 1.2킬로그램과 무가당 그릭요구르트(우유를 끓여 농축시켜 만든 요구르트) 4분의 3컵, 토마토 페이스트 2큰술을 더한다. 모두 잘 버무린 뒤 냉장고에서 한동안 재운다. 프라이팬을 중불에 올리고 식용유나 버터를 녹인다.

　팬이 충분히 달궈지면 다진 양파를 갈색이 날 때까지 볶은 뒤 냉장고에 재워둔 닭고기를 넣고 익힌다. 이 단계에서 물을 추가하기도 한다. 닭고기가 익으면 생크림 3큰술을 넣고 섞는다. 코코넛밀크를 넣어도 된다. 불을 약하게 하고 닭이 부드러워질 때까지 충분히 조리다가 불에서 내린다. 커민이나 고수, 정향, 사프란, 후추 등의 향신료가 들어가기도 하며, 마지막에 레몬즙과 소금으로 간을 한다. 밥이나 통밀가루로 만든 납작한 빵 로티와 함께 먹는다.

커피의 고향, 에티오피아

시다모, 하라, 이르가체페 등 커피 브랜드로 유명한 이름들은 원래 에티오피아의 지역 이름이다. 에티오피아는 커피의 발상지다. 커피의 기원에 관한 전설에는 여러 가지가 있지만, 9세기 에티오피아 고원지대에 살던 목동 칼디 이야기가 가장 유명하다. 어느 날 기르던 염소가 밝은 빨간색 나무 열매를 따 먹은 뒤 잠을 자지 않고 흥분해 날뛰는 모습을 본 칼디는 시험 삼아 이 열매를 따 먹어보고 온몸에 에너지가 차오르는 것을 느꼈다. 칼디의 말을 들은 이슬람 성직자가 악마의 것이라며 열매를 불 속에 집어던졌다고 한다. 열매는 바로 커피콩이었다. 커피콩을 불에 익히면 풍부한 향기가 나는 커피 원두가 된다는 것을 우연히 발견한 셈이다.

커피는 홍해 건너 아라비아 반도를 거쳐 유럽으로 흘러갔다. 물론 이 이야기는 단지 전설에 불과할 수도 있고, 구전되다가 과장, 왜곡되었을 수도 있지만 에티오피아가 커피의 발상지이며 에티오피아인들이 오래전부터 커피를 마셔왔다는 점만큼은 분명하다. 고원지대에 위치해 연중 서늘한 기후를 띠는 에티오피아는 커피나무가 자라기에 더없이 좋은 곳이다.

오늘날에도 커피는 에티오피아 경제와 문화의 근간이다. 에티오피아는 아프리카 최대, 전 세계 다섯 번째 커피 생산국이고 9500만 인구 중 1500만 명이 커피산업과 직간접적으로 연결되어 먹고산다. 에티오피아 사람들은 손님이 찾아오면 생두를 숯불에 볶고 갈아 내려주는 '커피 세리머니'로 손님을 환대한다.

언어에도 커피의 흔적이 많이 묻어 있다. 에티오피아 공용어인 암하라어 속담 중에는 '부나 다보 나우'라는 말이 있다. 직역하면 "커피는 우리의 빵이다"라는 뜻이다. 커피가 식생활뿐만 아니라 일상생활의 중심에 있음을 상징적으로 보여준다. 한국에서 "식사하셨습니까"라는 표현이 일반적인 질문이 아닌 인사말이듯, 에티오피아에서 "커피를 마시다"라는 표현은 행위 그 자체를 넘어서 '사회적 관계를 맺는다'는 뜻을 내포한다. "나는 커피 한잔 할 사람도 없다"는 말은 "속 터놓고 얘기할 친구가 없다"는 뜻이다. 무엇보다도 커피는 87개 종족이 모여 사는 연방국가 에티오피아를 문화적으로 하나로 묶어주는 자부심이다.

Jasminum Arabicum, 즉 오늘날의 커피. M. 틸리(1723)의 『피사의 식물 정원 안내』에서 발췌.

3

'식품사막' 미국

미국 볼티모어
페어팩스 · 비엔나

2015
07.07-08

　2015년 7월 미국 메릴랜드 주 볼티모어 시의 빈민가 길모어 스트리트. 승합차량 트렁크에서 한 흑인 여성이 봉지에 담긴 식료품들을 바쁘게 내리고 있었다. 봉지들에는 '세이브얼랏Save-A-Lot' 로고가 찍혀 있다. 값싼 식료품들을 파는 슈퍼마켓 체인이다. 이 여성은 근처에 사는 조카가 한 달에 한 번 차를 몰고 시장에 갈 때에 맞춰 식료품을 구입하는 줄리아 플레밍(69세)이다. 그의 집에서 세이브얼랏은 차로는 10분 정도 거리이지만 걸어가면 40~50분은 족히 걸린다. "나이 든 사람이 어떻게 거기까지 걸어가서 이 모든 걸 사오겠어요?" 플레밍이 땀을 닦으며 말한다.

　소득이 거의 없는 플레밍은 매달 300 달러(약 35만 원) 정도의 정부 지원금으로 생활한다. 보충영양지원프로그램SNAP으로 불리는 이 복지수당은 미국 저소득층 가정의 식생활을 지탱하는 데 필수다. 하지만 이 프로그램에만 의존할 경우 대개는 값싸고 칼로리 높은 식품 위

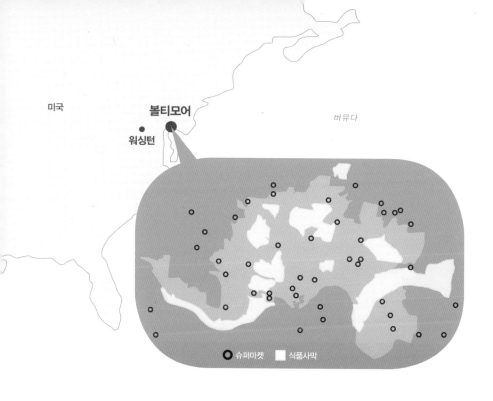

미국

볼티모어

워싱턴

버뮤다

○ 슈퍼마켓　■ 식품사막

주로 사게 된다. 저소득층에 비만이 많은 것도 이 때문이다.

　플레밍은 "푸드 스탬프food stamp(SNAP의 옛 이름)를 잘 쓰면 한 달 동안 건강한 식단을 유지하는 것이 불가능하진 않지만 우리 동네에서는 그게 쉽지 않다. 동네 식료품점엔 유통기한이 없는 통조림 음식이나 정크푸드밖에 없다"고 말했다.

✖ 자동차가 없어 마트에 못 가는 사람들

도심에서 살면서 신선한 채소나 치즈, 우유를 얻기는 쉽지 않다. SNAP의 제한된 액수로 신선한 음식들을 사려면 코스트코와 같은 대형 할인점에 가야 하는데 회원 가입비가 필요하다. 무엇보다 그런 매장은 교외에 있어서 자동차 없이는 갈 수 없다. 흑인이 많이 살고 범죄율이 높은 지역에는 치안 문제 때문에 대형 마트가 들어오려고 하지도 않는다. 값을 더 쳐주더라도 식료품을 구할 수 있는 동네 가게조차 찾기 어렵다는 게 문제다. 그러니 플레밍과 같은 사람들은 꼼짝없이 통조림을 뜯어야 한다.

그래도 이날은 장을 볼 수 있었다. 플레밍은 아무런 연고 없이 찾아온 기자를 경계하는 내색이 전혀 없었다. 연립주택 안으로 따라 들어갔다. 좁은 복도에 방 두 개와 부엌이 한 줄로 늘어선 구조다. 방에는 창문이 없어 한낮인데도 토굴 같았다. 30대 초반의 딸과 둘이 사는 그는 대부분의 음식을 집에서 해먹는다. 플레밍은 방금 사온 양상추와 호박, 토마토를 쓱쓱 잘랐다. 그 위에 칠면조 슬라이스를 얹고 마요네즈를 뿌렸다.

"우리는 이렇게 먹고 살아요."

플라스틱 그릇에 담아 건네준다. 5분 만에 선 채로 점심을 해치운 그는 냉동실에 포장육을, 냉장실에는 요구르트와 양배추, 버섯, 계란을 채워넣었다.

과일은 '애러버arabber'가 동네에 올 때 살 거라고 말했다. 애러버는 말이 끄는 마차에 과일을 싣고 다니는 과일장수다. 뉴욕, 펜실베이니아 등 동부 해안 도시에서 흑인들이 했던 일이지만 동물권리운동가들의 반대와 도시에서 마구간을 관리하는 현실적인 어려움 때문에 대부분 자취를 감췄다. 현재는 볼티모어 서부 빈민가에 거의 유일하게 남아 있다.

플레밍의 집을 나서 5분쯤 걸었을 때 저 멀리서 방울 소리가 들리기 시작했다. 과일이 한가득 실린 노란 지붕의 마차가 왔다. 49년째 이 지역에서 애러버로 일하는 피위(65세)는 "이 마차는 신선한 과일을 원하는 주민들에게 여전히 사랑받고 있다"며 딸기 한 팩을 내밀었다. 딸기 한 쿼트(약 1리터 부피)에 3달러로 코스트코보다 1달러가량 싸다. 5달러 지폐를 내밀자 거스름돈 대신 복숭아 두 개를 건넨다. 애러버의 과일마차는 SNAP를 받지 않기 때문에 플레밍과 같은 노인들에게는 부담이겠다는 생각이 들었다.

볼티모어는 미국에서 시 정부로는 처음으로 '식품사막food desert' 개념을 규정하고 실태를 조사한 곳이다. 식품사막이란 지리적으로 식료품점이 멀고, 자동차가 없어 이동성이 떨어지며, 더구나 빈곤까지 겹쳐 건강한 음식에 접근하지 못하는 현상을 가리키는 개념이다. 시 식품정책국과 존스홉킨스대의 '살 만한 미래 연구소'가 2015년 6월에 발표한 보고서에 따르면 볼티모어 시 인구 62만 명 가운데 4분의 1이 식품사막에 산다.

도시 곳곳에 고루 퍼져 있는 식품사막은 주로 흑인 거주지역과 겹친다. 홀리 프레이슈탯 볼티모어 시 식품정책국장은 "도시 주민들의 기

미국 메릴랜드 주 볼티모어의 빈민가 길모어스트리트에 사는 줄리
아 플레밍의 집 냉장고에 'SNAP'로 불리는 푸드 스탬프로 사온 인
스턴트 식재료 몇 가지가 놓여 있다.

대수명이 길 하나를 사이에 두고 20~30년까지 차이 나는 것은 정상
적인 상황이라 할 수 없다"며 "식품사막은 우리 시의 어두운 모습이
만 그 모습을 정확히 드러내야 정책적 대응을 할 수 있다"고 말했다.
아만다 부진스키 존스홉킨스대 연구원은 "식품사막은 미국의 거의 모
든 도시에서 나타나는 현상"이라며 "인종적으로는 흑인들이, 세대별
로는 어린이와 노인 등 취약 계층이 식품사막에 더 많이 놓여 있다"고
말했다.

애러버로 일하는 65세의 피워. 이 마차는 뉴욕, 필라델피아 등에서 흑인들이 애용했지만 지금은 볼티모어에만 남아 있다.

✗ 방학이면 굶는 아이들, 스트링치즈 하나에 주먹다짐

볼티모어 서부 펜노스의 한 도서관. 오후 1시가 되기를 기다리던 흑인 아이들이 몰려들어왔다. "어머니들은 밖에서 기다려주세요. 아이들 혼자서도 잘 먹습니다." 옥타비아(23세)가 딸 스카일러(5세)의 식사를 돕겠다며 따라 들어오다가 제지당했다. 급식 자원봉사자 키아 애크우드(19세)는 스카일러를 자리로 안내했다. 방학 중인 아이들이 도서관에 무료 점심 배급을 받으러 온 것이다. 스카일러도 그중 한 명이다.

받아든 도시락에는 베이글과 치킨샐러드, 사과 4분의 1조각, 막대 모양의 치즈인 스트링치즈, 주스가 들어 있다. 그는 나중에 먹으려는지 사과를 호주머니에 넣었다. 베이글을 반으로 잘라 치킨샐러드를 발라 먹기 시작했다. 손놀림이 빠르다. 오늘 처음 먹는 식사다. 애크우드가 20여 명의 아이들에게 "아침 먹은 사람?" 하고 물었다. 대부분 고개를 저었다. 애크우드는 "이 아이들은 대부분 저녁도 제대로 먹지 못할 것"이라고 말했다.

갑자기 남자아이 둘 사이에 주먹다짐이 벌어졌다. 마이크(10세)가 에릭(9세)의 스트링치즈를 빼앗으려다 벌어진 일이다. 마이크는 그 벌로 5분간 밖에 나가 있다가 다시 들어왔다.

"스트링치즈를 원 없이 먹어봤으면 좋겠어요."

마이크의 말이다. 또 다른 자원봉사자 제이다 아르카(16세)는 다른 아이들 모르게 자신의 도시락에서 치즈 하나를 꺼내준다. 마이크는 두 손으로 치즈를 들어올리고는 춤을 춘다. 온 세상을 다 가진 표정이다.

식단표에 '1온스 흰색 미국 치즈'라 적혀 있는 스트링치즈는 샐러드에 조금 들어 있는 닭고기와 함께 주요 단백질 공급원이다. 스트링치즈 한 개당 단백질은 3.8그램으로 미 식품의약국FDA이 권장하는 어린이 1일 단백질 섭취량 19~38그램에는 훨씬 못 미친다.

방학이 되면 학교 급식을 못 먹는 아이들을 위한 여름 급식 프로그램이 반경 3~4킬로미터 이내에 스무 곳 가까이 운영된다니 굶주리는 아이가 얼마나 많은지 짐작이 간다. 여름 무료 급식은 볼티모어 시의 재정과 기부를 받아 도서관, 교회 등지에서 실시된다.

도서관을 나와 주변을 둘러봤다. 불타버린 편의점, 깨진 창문들. 전
당포와 담배가게는 있어도 식료품점은 없었다. 넉 달 전 프레디 그레이
(25세)라는 흑인 청년이 경찰에 연행되다가 척추가 부러져 사망한 뒤
흑인 폭동이 일어난 곳이다.

볼티모어 시가 식품사막의 '오아시스'라며 소개해준 펜실베이니아
애비뉴의 라파예트마켓 편의점으로 갔다. 초입부터 분위기가 살벌했
다. 가게 앞에서 경찰 대여섯 명이 한 흑인 남성을 에워싼 채 손으로
온몸을 훑고 있었다. 마약 단속을 하는 중이었다. 가게에 들어가니 뜻
밖에 한국계 여성이 주인이었다. 이름을 밝히지 않은 이 여성은 흑인
남편 에드워드 브라운과 가게를 운영한다. 식품사막 대책 마련에 부심
하던 볼티모어 시는 구멍가게들을 건강한 식품을 파는 가게들로 키우
는 방안을 내놓았고, 정책적으로 동네 가게들을 '건강 가게'로 지정해
지원하고 있다. 이 가게가 건강 가게 1호점이다. 지원이라봐야 냉장고
와 진열대 등을 무료로 제공하는 정도이지만 이 가게들이 싼값에 건
강에 좋은 음식을 공급하기에는 충분하다고 여주인은 말했다.

가게에는 흰색 강낭콩, 말린 완두 등 콩 종류만 10여 가지나 있고
토마토, 고추, 호박, 오이도 있었다. 현미도 눈에 띄었다. 이곳은 통조림
만 가득한 일대 식료품 가게와는 다른 모습이었다. 냉동실에는 직접
만들어 얼린 콩 수프가 가득 들어 있다. SNAP로는 즉시 먹을 수 있
는 뜨거운 음식은 사지 못하도록 되어 있어 택한 편법이다. 이 여성
은 한국어로 "처음에는 제가 먹으려고 비치한 거예요"라고 말했다.
이것을 다 어디서 조달했는지 궁금했다. 비밀은 가게 뒷마당 텃밭에

있었다. 브라운은 텃밭의 호박, 고추, 토마토를 보여주며 "아내가 없었으면 이런 일은 꿈도 꾸지 못했을 것"이라고 말했다. 오아시스는 억척스러운 부인의 세심함, 지칠 줄 모르는 건장한 남편이 만나 만들어진 것 같았다.

🍴 "더 낫게 먹고 싶은" 후마 질리의 텃밭

땅덩이가 넓은 미국에서 살다보면 슈퍼마켓에 가기 힘든 식품사막은 도시에만 국한된 문제가 아니다. 교외지역에서는 문제가 더 심각할 수 있다. 워싱턴 근교 버지니아 주의 페어팩스에 사는 주부 후마 질리(39세)도 그런 경우다. 2015년 6월 7일 그의 집으로 찾아갔을 때 질리는 공교롭게도 20일째 라마단 금식을 하던 중이었다. 질리는 "금식으로 내 육체가 고통받을 때 다른 사람들의 고통을 알게 된다"며 "그 고통을 겪음으로써 신의 뜻을 더 잘 이해하고, 금식 기간 중 내가 먹지 않은 음식을 돈 없어서 굶고 있는 다른 사람들을 위해 쓸 수 있다"고 했다.

20년째 미국에 살고 있는 파키스탄계 미국인 질리는 자기 소유의 주택에서 남편, 두 초등학생 아들과 산다. 실내장식업을 하는 남편에게 일이 많지 않을 때에는 SNAP에 의존하기도 한다. 집이 있으니 중산층이라 부를 수도 있고, 가계소득이 들쭉날쭉하다는 점에서 중산층 아래에 위치한다고도 할 수 있다.

미국 워싱턴 근교 버지니아 주의 페어팩스에 사는 주부 후마 질러가 텃밭에서 딴 콩과 오이다.

몇 년 전 자동차 정기 점검을 통과하지 못했을 때 그는 끔찍한 경험을 했다. 장을 볼 수 없었던 것이다. 가장 가까운 슈퍼마켓도 걸어가면 한 시간은 족히 걸리는 곳에 있어, 이웃의 차를 빌려 타야만 했다. 미국에 와서 내내 질리의 마음에 들지 않았던 것은 비싼 외식비와 정크 푸드다. 올해 일곱 살, 여덟 살인 두 아들에게 "쓰레기를 먹이고 싶지 않았다"고 한다. 하지만 그의 벌이로는 매달 식비 지출이 300~400달러로 한정되어 있으니 다른 선택지가 없었다. '건강한 식탁'과 '예산 제약' 사이에서 4년 전 시작한 일이 텃밭 가꾸기다.

냉장고에는 질리가 집에서 키운 오이, 콩, 호박, 토마토가 한켠을 차지하고 있었다. 오이, 콩 씨앗을 말려 이듬해에 다시 심는다. 토마토는 가지를 쳐내 수경재배한 뒤 이듬해 봄에 다시 심는다. 유기농 식료품 체인인 홀푸즈마켓의 가격과 비교하면 식료품 구입비가 3분의 1로 줄어들었다. 아이들을 학교에 보낸 뒤 집에 있는 시간 중 2~3시간을 텃밭 가꾸기에 들인다. 물도 많이 쓰지 않는다. 양동이와 컨테이너에 빗물을 받아 활용한다. 거름도 직접 만들어 쓴다. 가정용품 대형 매장인 홈디포 직원으로 일하던 시절 원예 코너에서 근무한 것이 큰 도움이 되었다. 홈디포 원예 코너에 가면 텃밭을 가꾸는 데 필요한 공구, 울타리, 컨테이너 화분, 토양, 그리고 각종 채소와 과일 씨앗들을 구할 수 있다.

질리의 가족은 외식을 거의 하지 않는다. 돈도 돈이거니와 건강에 좋지도 않아서다. 빵, 피클, 피자 모두 집에서 만든다. 질리의 식비에서 가장 큰 비중을 차지하는 것은 육류와 유제품이다. 그는 육류는 반드시 이슬람 율법대로 도축된 '할랄Halal' 제품을 산다. 미국의 식문화에

20년째 미국에서 살고 있는 파키스탄
계 미국인인 질러는 두 아들에게 정크
푸드를 먹이고 싶지 않아 마당의 텃밭
에서 직접 채소를 키운다.(왼쪽 사진)

질러가 재배한 야채로 채워진 냉장고.

대해 물었다.

"너무 많은 음식을 만들어 상당량을 버리고, 어디서 무엇으로 만들
었는지도 모를 음식을 배가 터지게 먹고는 병원에 가고 심지어 죽기도
하는 게 미국의 음식 문화인 것 같아요."

미국에서 질러처럼 텃밭을 가꾸는 사람은 드물지 않다. 전국가드닝
협회National Gardening Association의 2014년 집계에 따르면 세 가구에 한 가
구꼴로 자신이 키운 작물을 먹는 것으로 나타났다. 물론 늘어나는 텃
밭을 달가워하지 않는 이들도 있다. 2012년 플로리다 올랜도에서는 한
주민이 앞마당을 채소밭으로 가꿨다가 미관을 해쳐 동네 집값을 떨어
뜨린다는 이웃의 신고로 공방을 벌였고, 미시건 오크파크에서는 여섯
자녀를 둔 주부가 텃밭을 갈아엎으라는 명령을 거부해 93일간 감옥에

간히기도 했다. 시 당국이 텃밭을 규제하는 법을 둔 경우, 대개는 거대 종자회사들의 로비가 뒤에 있을 것으로 추정된다.

하지만 이제 대통령 부인이 백악관 앞마당에 텃밭을 가꾸는 시대다. 6년간 백악관 텃밭을 가꿔온 미셸 오바마가 사람들의 먹거리에 대한 인식에 미친 영향은 지대하다. 지역 농산물을 파는 식료품점에 가면 미셸 오바마의 저서 『미국에서 기른American Grown』과 함께 토종 종자 목록을 쉽게 구할 수 있다. 중산층이 모여 사는 버지니아 비엔나 시 메이플애버뉴마켓에서 지역 농산물을 파는 새라 게르는 직접 농사짓는 일이 얼마나 이로운지, 1940년대 이전의 토종 종자를 찾아내고 공유하는 일이 왜 중요한지를 강조했다. 왜 1940년대인가? 몬산토나 듀폰 같은 거대 농생명공학 회사들이 대규모 화학농법에 맞춰 종자를 개량해 특허를 내기 시작한 시점이기 때문이다.

곳곳에 퍼져 있는 식품사막에서 미국의 절망을, 차츰 늘어나는 텃밭에서 희망을 읽었다. 식품사막과 텃밭 사이의 거리는 생각보다 멀지 않은 듯 보였다.

식품사막이란?

　돈이 없어서만이 아니라 자동차가 없어서, 혹은 집 주변에 신선한 농산물을 키워 파는 곳이 없어서, 음식 재료를 구하기 위해 먼 거리를 자동차로 이동해야 하는 사람들이 있다. 미국과 캐나다에는 이렇게 신선식품에 접근할 길이 막혀 있어서 온실가스를 배출하며 자동차로 장을 보러 다녀야 하는 지역이 많다.

　이런 곳들을 식재료의 불모지라는 의미에서 '식품사막'이라 부른다. 미국 농무부 자료에 따르면 식품사막은 "도시의 주거지역과 농촌 마을 중 신선하며 건강에 좋고 호감 가는 음식을 구하기 힘든 지역"이다. "슈퍼마켓이나 상점이 없어서 이런 지역의 주민들은 패스트푸드점이나 편의점에서 파는 건강에 좋지 않고 질이 덜 좋은 음식을 먹게 된다. 그래서 비만 비율이 높고 당뇨병이나 심장질환 등 식습관과 관련된 질병이 많다." 미 농무부의 경제연구서비스Economic Research Service는 미국 내에서 2350만 명 정도가 식품사막

로컬 푸드를 파는 가게. 하지만 볼티모어 시의 주민 네 명 중 한 명은 이런 식품을 구입할 수 없는 식품사막에 산다.

에 사는 것으로 추정한다. 그중 절반이 넘는 1350만 명은 저소득층이다. 도시에서는 1마일(약 1.6킬로미터), 교외는 10마일(약 16킬로미터) 이내에 식료품점이 없으면서 자동차를 가진 이들이 적은 저소득층 지역이 주로 식품사막에 해당된다.

볼티모어 시는 미국의 도시 가운데 처음으로 시민들의 식생활 실태를 조사하고, 식품사막을 계량화하여 자체적인 규정을 만들었다. 볼티모어가 규정한 식품사막은 첫째 400미터 이내에 슈퍼마켓이 없고, 둘째 중위가구 소득이 연방 정부가 정한 빈곤선의 185퍼센트 미만이며, 셋째 30퍼센트 이상의 가구가 차를 보유하고 있지 않으며, 넷째 건강식품지수가 낮은 지역을 가리킨다. 볼티모어에서는 주민 네 명 중 한 명꼴로 식품사막에 사는 것으로 조사됐다.

미국 아이들이 많이 먹는 스트링치즈

피자 위에 얹는 모차렐라 치즈는 가공 방법에 따라 단백질의 결이 제각기 다른 모양으로 찢어진다. 막대나 긴 줄처럼 결을 따라 찢어 먹을 수 있는 숙성시키지 않은 치즈를 통칭해 스트링치즈라 부른다.

동유럽의 슬로바키아에서는 오래전부터 양젖으로 코바치크라는 치즈를 만들어 먹었다. 길게 찢어낸 줄 모양의 치즈를 꽈배기처럼 꼬아놓은 것이 특징이다. 아르메니아에서는 염소나 양의 젖으로 만든 치즈에 커민의 일종인 '니겔라'라는 향신료를 넣어 스트링치즈를 만들곤 한다.

소나 양을 많이 키우는 곳의 농가에서 만들어 먹던 치즈가 '스낵'이 된 것은 비교적 최근의 일이다. 영국에서는 1990년대 초 치즈회사 케리 그룹이 '미스터 스트링스'라는 캐릭터를 내세운 광고를 만들면서 아이들 사이에서 인기를 끌었다. 미국에서는 길이 15센티미터, 지름 2.5센티미터 정도의 막대기 모양 스트링치즈가 널리 팔리고 있다. 원통형 치즈를 결대로 찢어서 먹을 수 있다. 모차렐라가 주재료이지만 여기에 체더 치즈를 섞기도 한다. 맨 처음 이 막대 모양 치즈를 만든 것은 위스콘신 주의 가족기업인 베이커 치즈라는 회사였다. 2014년 11월 미국 잡지 『앤틀랜틱』은 「스트링 치즈의 비밀스런 삶The Secret Life of String Cheese」이라는 글에서 베이커 치즈의 사장이었던 프랭크 베이커가 스트링치즈를 만들었고, 수차례의 개선을 거쳐 먹기 좋은 크기의 포장으로 시판되었다고 전했다.

멕시코에서는 스트링치즈를 공 모양으로 뭉친 치즈가 유명하다. 농업 중심지 오아하카 주에서 많이 나오는 '케시요Quesillo'가 그것이다. 이 치즈는 '오아하카 치즈'라는 뜻에서 '케소 오아하카Queso Oaxaca'라고도 불린다.

미국의 과일 마차, 애러버

"외쳐, 외쳐, 외쳐, 목이 쉴 때까지
예쁜 소녀들이 나오지 않으면 외치지 않을 거야
나는 말하지, 수박, 수박이라고!
껍질만 남을 때까지 먹어보세요, 레이디"

미국 동부 해안에는 19세기에 마차에 과일과 채소를 싣고 다니는 노점
상인 애러버가 많았다. 지금은 볼티모어에만 조금 남아 있으나 당시만 해
도 거리에서 흔히 볼 수 있었던 상인들이었다. '애러버'는 '길거리 아랍인들'
이라는 말에서 나왔으나 아랍인과 특별한 관계는 없다. 노숙과 구걸을 하
는 길거리 아이들을 흔히 street arabs라고 불렀던 데에서 유래했을 뿐이
다. 이 과일 마차의 상인들은 처음에는 가난한 백인들이었으나 곧 흑인들이
차지하게 되었다. 특히 제2차 세계
대전 기간에 백인 노동자들이

대거 군수공장 등에 일자리를 얻으면서 애러버 일은 대부분 흑인들에게 돌아갔다.

　그러나 애러버의 시대는 짧았다. 슈퍼마켓과 같은 현대식 상점들이 늘어난 데다, 마구간을 구하는 것이 힘들어졌기 때문이다. 엄격한 도시 규제들이 생기면서 마구간이 없어지고 애러버도 역사 속으로 거의 사라졌다. 역설적이지만, 사라져가는 애러버를 도시의 문화유산으로 보고 보존하려는 움직임도 일어났다. 1994년 '애러버 보존협회Arabber Preservation Society'라는 것이 생겼다. 2004년에는 현대의 애러버들을 다룬 「우리는 애러버다We Are Arabbers」라는 TV 다큐멘터리도 제작됐다.

4

'가뭄'이라는 아이

케냐 나이로비·칼라와

2015
06.17 - 20

한국인의 솔 푸드soul food가 밥이라면 케냐 사람들의 솔 푸드는 '우갈리ugali'다. 6월 17일 케냐 나이로비의 조모 케냐타 국제공항에 도착해 처음 만난 택시 기사에게 "이곳의 주식이 뭐냐"고 물었다. 중년의 기사는 우갈리와 이런저런 음식들을 읊으며 말했다. "밖에서 피자를 잔뜩 먹어도 집에 가면 우갈리를 꼭 먹어요. 그래야 식사를 한 것 같거든요." 우갈리는 옥수수 가루를 뜨거운 물에 반죽해서 만든다. 녹말의 들척지근하고 텁텁한 것 말고는 별맛이 없다. 쌀밥이 특별한 맛을 품고 있지 않은 것과 마찬가지다. 이곳 사람들은 밥과 반찬처럼 우갈리에 여러 요리를 곁들여 먹는다.

케냐 국영 전기회사에 다니는 패트릭 온디에키(50세)의 주말 점심식사 초대로 우갈리를 처음 맛봤다. 온디에키의 집은 나이로비 외곽 하람비의 고급 주택단지에 있다. 단지 입구는 철문으로 막혀 있고 경비원이 상주한다. 나이로비는 '나이로버리Nairobbery'(나이로비와 강도를 뜻

온디에키의 아들 마이크가 15분 동안 쉬지 않
고 저어 완성한 케냐의 주식 우갈리.

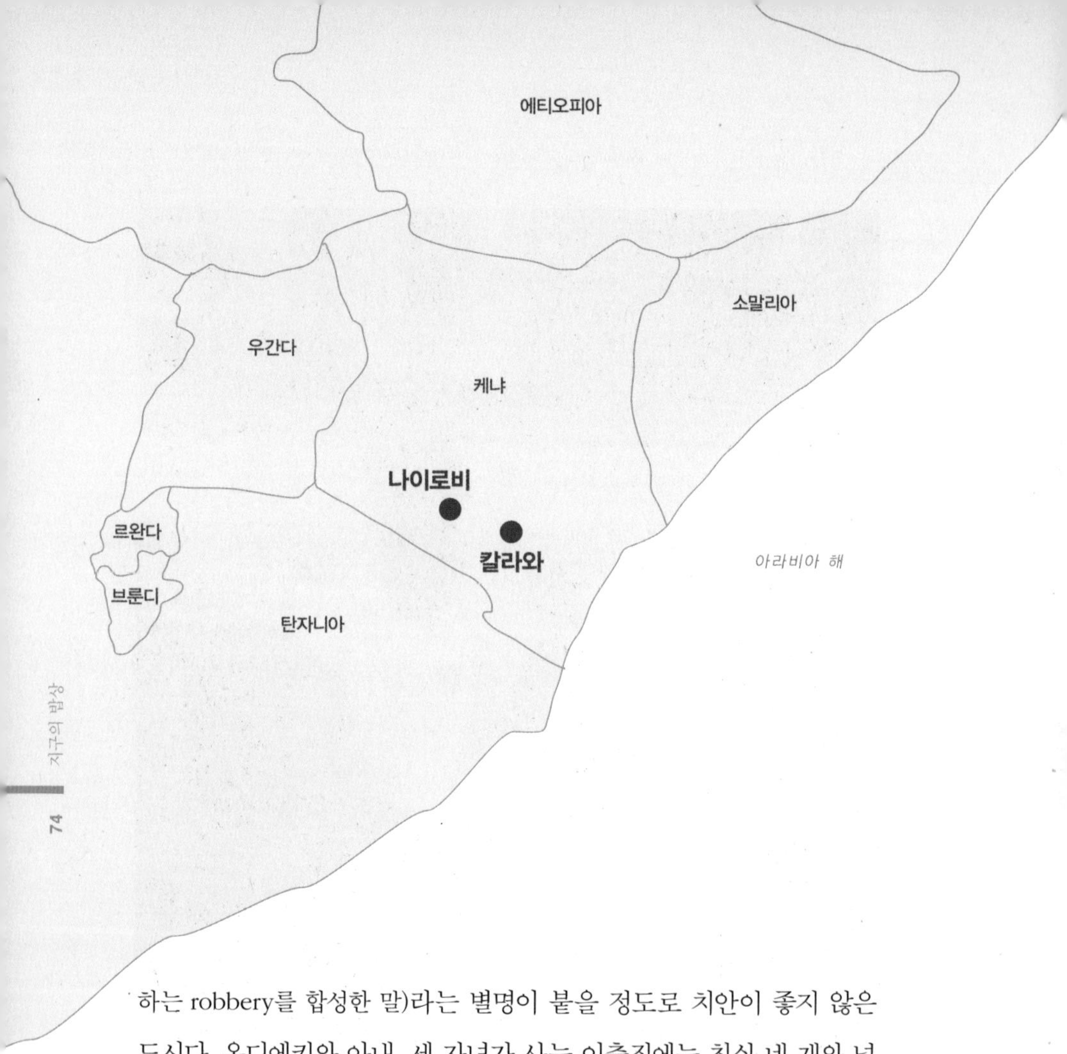

소말리아

우간다

케냐

나이로비

●

● **칼라와**

아라비아 해

르완다

브룬디

탄자니아

하는 robbery를 합성한 말)라는 별명이 붙을 정도로 치안이 좋지 않은 도시다. 온디에키와 아내, 세 자녀가 사는 이층집에는 침실 네 개와 널찍한 거실, 주방과 식당이 딸려 있다. 온디에키는 손님을 반갑게 맞더니 무슨 요리를 먹고 싶으냐고 물었다. "당신들이 평소 먹는 음식을 먹고 싶다"고 하자 껄껄 웃으며 둘째 아들 마이크(21세)에게 외친다.

"애야, 손님들이 그냥 우갈리나 먹고 싶단다!"

우갈리

수구마

케냐 나이로비에 사는 패트릭 온디에키와 부인 레베카, 아들 마이크, 딸 프린세스가 토요일 점심을 함께 먹는 모습이다.

🍴 우갈리, 케냐의 '솔 푸드'

막내딸 프린세스(6세)와 함께 외출한 엄마 대신 마이크가 우갈리를 만들기 시작했다. 냄비에 물을 끓인 뒤, 옥수수 가루를 끓는 물에 천천히 부어가며 휘젓는다. 묽고 희던 반죽은 저을수록 떡처럼 탄탄한 질감을 갖춰갔다. 15분 정도 불 위에서 계속 휘저어야 우갈리가 완성된다. 힘들지 않냐고 묻자 마이크는 팔뚝을 가리키며 "그래서 이렇게 튼튼한 근육이 생긴 게 아니겠느냐"며 웃었다. 완성된 우갈리를 한쪽에 치워둔 마이크는 능숙하게 토마토와 양파와 마늘과 고수를 썰어 곁들인 음식을 만들었다. 때마침 귀가한 엄마 레베카(39세)도 팔을 걷어붙이고 부엌으로 들어왔다.

프린세스가 기도를 올리고 나서 식사가 시작됐다. 고수를 곁들인 채소볶음과 토마토 스크램블드에그, 케냐 주류 언어인 스와힐리어로 '수쿠마sukuma'라 부르는 케일 무침이 반찬으로 올라왔다. 손으로 우갈리를 적당히 뜯어 반찬과 함께 먹는 것이 케냐의 가장 평범한 식사다.

조금 다른 밥상을 살펴보고 싶었다. 6월 18일 나이로비에서 약 150킬로미터 떨어진 마쿠에니 지방의 농촌 칼라와를 찾았다. 케냐 동남부에 있는 칼라와는 비가 오지 않고 건조하기로 유명한 지역이다. 두 시간쯤 포장도로를 타고 초원을 달리던 차는 어느새 비포장도로로 접어들었다. 붉은 흙은 바싹 말라 있었다. 창문을 열기 어려울 정도로 흙먼지가 날렸다. 파란 스웨터 교복을 입은 아이들이 차가 다가오자 한쪽으로 피했다. 더러는 자기 덩치만 한 물지게를 지고 있거나 물통을 실은 당나귀를 몰고 있었다. 시내에서 물을 긷는 아이들도 보였다.

케냐에는 두 번의 우기가 있다. 4월 말부터 6월 초까지가 연중 비가 가장 많이 오는 대우기다. 이후 선선한 날씨가 계속되다가 11월과 12월의 몇 주 동안 소우기가 이어진다. 칼라와를 찾은 6월 중순은 대우기가 막 끝난 시기였다. 올해는 가뭄이라 할 순 없으나 충분한 비가 온 것도 아니었다. 물이 흐르고 있는 강도 있었지만, 강바닥을 드러내며 말라 있는 곳도 많았다. 아이들은 물이 나올 때까지 강바닥을 손으로 파

케냐 칼라와에서 도미니크가 긴 장대로 두들겨 껍질을 벗겨낸 콩 낟알을 손으로 모으고 있다.

낸 뒤 작은 컵으로 물을 떠서 물통에 담았다. 물을 뜨기 위해 수십 킬로미터까지도 걸어다닌다고 했다. 건기에는 물을 찾아 더 멀리까지 가야 한다.

인류의 발상지인 케냐와 동아프리카는 지구상에서 기후변화의 직격탄을 가장 심하게 맞아 가뭄에 허덕이고 있다. 2011년 동아프리카 대가뭄으로 집을 잃은 사람은 1100만 명. 어린이 200만 명이 여전히 영양실조로 고통받고 있다. 2011년 대가뭄 당시 칼라와에는 '돈을 손에 쥐고 있어도 죽는다'는 말이 떠돌았다. 돈이 있어도 먹을 것이 없어 굶주렸다는 뜻이다.

도미니크와 레나가 집 근처 밭에서 재배하는 옥수수를 따며 활짝 웃고 있다.

칼라와에 사는 사비나 무뉴투(71세)의 옥수수 밭은 비쩍 말라 있었다. 일주일 전 먹을 만한 옥수수는 대부분 거둬들였고, 밭에 남은 것들은 이삭이 제대로 영글지 않았거나 크기가 작은 것들이다. 사람 키에도 못 미치는 옥수숫대는 바람에 힘없이 흐느적거렸다. 수확철을 맞은 동부콩 밭도 황폐하기는 마찬가지였다. 잎에는 생기가 없었다. 밭 전체에 새하얗고 수수한 꽃들이 피어 있었다. 마을 이장은 "예쁘긴 하지만 쓸모없는 꽃"이라고 했다. 이 꽃이 밭에 피었다는 것은 땅이 매우 척박하다는 뜻이라고 했다.

사비나에게는 아홉 자녀가 있다. 남편은 세상을 떠났고, 결혼하지 않은 아들 무냐오(31세)를 제외하고는 모두 도시로 떠났다. 거듭되는 가뭄을 견딜 수 없어서다. 무냐오의 이름은 현지 부족어인 캄바어로 '가뭄'이라는 뜻이다. 1984년, 큰 가뭄이 든 해에 태어난 아이라 그런 이름이 붙었다. 무냐오의 키는 동네 남자들에 비해 눈에 띄게 작았다.

사비나와 무냐오가 텃밭에서 키우는 동부콩과 옥수수, 기장은 연중 두 달 치 먹거리밖에 안 된다. 곡식이 떨어지면 도시로 나간 자녀들이 보내주는 돈으로 시장에서 먹을 것을 산다. 끼니를 굶진 않지만 풍족하게 세 끼 먹을 형편은 못 된다. 기자 일행을 맞은 날, 모자는 진하게 끓인 차 한 잔으로 아침을 때웠다. 점심에는 우갈리와 토마토를 먹었다. 사비나는 저녁식사 때에는 옥수수와 콩을 섞어 삶아 먹을 계획이라며, 옥수수가 모자라 콩을 더 많이 섞어야 한다고 말했다.

칼라와에 사는 사비나 무뉴투가 아들 무냐오와 함께 마른 텃밭에서 동부콩을 수확하고 있다. 가뭄으로
밭은 황폐함을 드러내고 있다.

🍴 기후변화에 내몰려 슬럼으로 가는 사람들

사비나는 칼라와에서 나고 자랐다. 강 건너 마을로 시집와서 정착했다. 사비나는 원래 가난하지 않았다. 15년 전만 해도 한 해에 곡식을 네 자루씩 수확했고 가족을 충분히 먹여 살릴 수 있었다. 그러나 가뭄은 갈수록 심해졌다. 지난 3년 새에는 특히 가뭄과 병충해가 극성을 띠면서 수확량이 눈에 띄게 줄었다. 지금은 얼마나 거둘 수 있을지 예측조차 할 수 없다.

"올해는 수확한 것 없이 아예 빈손이에요."

사비나는 '기후변화'가 무엇인지 잘 모른다. 그저 "비의 방향이 바뀐 것 같다"고 생각하고, 2011년의 대가뭄을 끔찍한 기억으로 떠올릴 뿐이다. 마을 사람들은 그나마 이곳보다 비가 많이 온다는 이야기를 듣고 100킬로미터 떨어진 산 너머 마을로 이주했다. 사비나도 사람들을 따라갔지만 그곳에 너무 많이 몰려 오히려 먹고살기가 힘들어지는 바람에 얼마 못 가 다시 돌아왔다.

2009년에도 칼라와에는 큰 가뭄이 왔다. 숱한 이들이 가축을 잃고 도시로 일자리를 찾아 떠났다. 가축은 칼라와 농가 대부분의 주 수입원이기 때문에 가뭄으로 풀이 마르면 큰 타격을 입는다. 지방 정부가 건초를 주기도 했지만 역부족이었다. 사비나의 자녀들도 도시로 떠났다.

도시로 간 사람들은 저임금 일용직 노동자가 된다. 이들이 정착할 수 있는 곳은 슬럼뿐이다. 나이로비의 키베라 같은 슬럼들이 점점 더 커지는 데에는 여러 이유가 있지만, 기후변화로 고향을 버린 농민들도

동부콩+옥수수

그중 하나임이 분명하다. 기후변화가 일으킨 나비효과가 농민들을 땅에서 몰아내고, 나이로비를 치안이 좋지 않은 도시로 만든 셈이다.

부모를 따라 도시로 간 아이들은 학교 대신 호텔이나 식당에서 일을 도우며 돈을 번다. 고향에 남더라도 가뭄이 들고 먹거리가 모자라면 아이들은 학교와 멀어질 수밖에 없다. 이웃집 가축을 돌봐주거나 부모의 일을 도와 한 푼이라도 더 보태야 하기 때문이다. 영양실조에 걸린 아이들은 수업을 제대로 못 받거나 병에 걸려 학교에 가지 못한다. 생계를 꾸리기 어려워진 사람들은 나무를 베어다 판다. 숲이 파괴되면 물을 저장할 곳은 더 줄어들고 이로써 가뭄이 더 심각해지는 악순환이 이어진다.

칼라와 지방 정부의 농업 담당자 도미니크 오몽디 오퉁게는 "건기에는 하루 한 끼도 못 챙겨 먹고 굶는 가정도 있다"며 "가뭄과 물 문제가 해결되어야 식량 문제가 풀리고 가정과 지역사회가 깨지는 일도 막을 수 있다"고 말했다.

사비나의 집에서 차로 10여 분 떨어진 곳에 있는 도미니크(42세)의 집. 도미니크는 아내 레나(28세)와 함께 수확한 동부콩과 녹두를 탈곡하다가 막 점심을 먹으려던 참이었다. 도미니크가 땅에 널어 말린 콩깍지를 긴 막대로 탁탁 치고 레나가 콩을 바가지에 담아 허공에서 흩뿌리자 가벼운 콩 껍질이 우수수 날아갔다.

위_레나가 부엌에서 옥수수와 콩으로 점심식사를 준비하고 있다.
아래_도미니크와 레나 부부가 세 아이와 함께 옥수수와 동부콩 찐 음식, 파파야로 점심식사를 하고 있다.

나무 밑 식탁에는 동부콩과 옥수수를 함께 찐 음식과 파파야가 올라왔다. 부부와 도미니크의 어머니 마사(62세), 의붓어머니(60세) 그리고 삼남매가 함께하는 소박한 점심식사였다. 도미니크 가족은 최근 가뭄에 잘 버티는 동부콩 개량종자를 사용하기 시작했고, 물을 최대한 저장할 수 있는 신농법도 배웠다. 하지만 개량종은 튼튼한 대신 맛이 없다. 칼라와에 신농법과 개량종자를 보급한 월드비전 지역농업기술 전문가 무티소 쿄코는 "처음에는 맛이 떨어진다는 불만이 컸다. 가뭄에 잘 견디고 맛도 좋은 종자를 개발하려 노력하고는 있지만, 장기적으로 기후변화는 불가피하기 때문에 주민들도 타협할 수밖에 없다"고 말했다.

주식인 옥수수를 키우는 건 더 까다롭다. 옥수수는 한 해에 비가 500밀리미터는 와야 잘 자란다. 하지만 이미 오래전부터 칼라와의 연강수량은 300~400밀리미터로 줄었다. 기후변화가 이 추세대로 진행된다면 칼라와 사람들은 전통 음식 우갈리를 먹지 못하게 될지도 모른다.

✖ 안데스 사람들에게서 감자가 사라진다면

케냐만이 아니다. 지구 곳곳에서 수많은 사람이 기후변화로 주식主食을 잃어간다. 남미 안데스 산맥의 해발 3000미터 고산지대에 사는 잉카의 후예 케추아 부족 원주민들이 수천 년 동안 주식으로 삼아

온 것은 감자였다. 케추아어에는 감자를 뜻하는 단어만 수백 개가 있을 정도다. 하지만 몇십 년 동안 기온이 올라가고 강우량이 줄어 감자를 기를 수 있는 곳이 갈수록 사라지고 있다. 해발 3200미터 지역에서도 잘 자라던 감자는 이제 4000미터까지 올라가서 키워야 한다. 케추아족이 사는 지역의 최고 고도는 해발 4500미터. 감자가 자랄 수 있는 땅이 없어지고 있는 셈이다. 페루 리마에 있는 국제감자센터Centro Internacional de la Papa 소속 농학자 레네 고메스는 기후변화 저널 RTCC에 "앞으로 40년 안에 안데스에서 감자를 키울 수 있는 곳이 없어질지도 모른다"고 말했다.

2014년 12월 페루 리마에서는 제20차 유엔기후변화협약UNFCCC 당사국 총회가 열렸다. 케추아 원주민 대표는 이 자리에서 기후변화가 감자 재배를 얼마나 위협하는지 호소했다.

"감자는 우리의 전통 음식이자 문화, 영성입니다. 감자를 키우는 일은 우리 삶의 전부이며 우리는 감자를 삶의 본질과 다르게 생각하지 않습니다. 우리는 지금 감자를 키우기 위해 더 높은 산 위로 계속 쫓겨나고 있습니다. '파차마마Pachamama'(잉카어로 '어머니 지구'를 가리킴)는 인간이 저지르는 짓 때문에 불안에 떨고 있습니다."

미국 알래스카 원주민들도 기후변화로 주식을 잃고 있다. 에스키모들은 북극 부근 찬

칼라와에 신농법과 개량종자를 보급한 월드비전 지역농업기술 전문가 무티소 쿄코.

칼라와에서 레나가 시어머니 마사와 함께 옥수수 알갱이를 긁어내 점심식사를 준비하고 있다. 하지만 옥수수와 콩 농사의 미래는 불투명하다.

바다에서 바다코끼리를 사냥해 겨울 식량으로 비축해둔다. 바다코끼리 고기는 송아지 고기와 쇠고기의 중간 정도 맛이라고 한다. 알래스카 원주민들에게는 바다코끼리 상아를 파는 것도 허용되기 때문에 바다코끼리 사냥은 이들의 중요한 수입원이다.

그런데 최근 바다코끼리들이 베링 해에서 점점 더 북극 방향으로 이주하고 있다. 날씨가 따뜻해지면서 빙하가 녹은 탓이다. 식량의 80퍼센트를 자급하는 에스키모들에게 바다코끼리의 이주는 치명적이다. 알래스카 세인트로렌스 섬 에스키모들은 2003년 바다코끼리 1100마리를 사냥했지만 지금은 한 해에 555마리밖에 못 잡는다고 한다.

우리 식탁에는 문제가 없을까. 2015년 『가디언』지는 기후변화로 인류가 잃을 대표적인 농작물로 옥수수를 꼽았다. 강수량이 줄고 기온이 올라가면서 전 세계 옥수수 생산량은 4퍼센트나 감소했다. 커피도 기후변화의 직격탄을 맞았다. 아프리카에서 커피 농사에 적합한 지역은 앞으로 65퍼센트나 줄어들 것이라고 한다. 초콜릿과 메이플(단풍나무) 시럽, 와인 생산용 포도, 콩도 기후변화의 위협을 받는 음식으로 분류됐다. 연어나 홍합, 조개, 굴, 가리비처럼 차가운 바다에서 사는 해산물들도 식탁에서 사라질 수 있다.

유엔은 2014년 3월 발간한 기후변화 보고서에서 "기후변화가 이미 글로벌 식량 공급을 줄이고 있으며 전쟁과 자연재해를 부채질

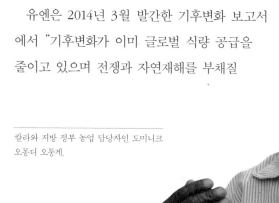

칼라와 지방 정부 농업 담당자인 도미니크 오몽디 오통게.

하고 있다"는 결과를 내놓았다. 온도와 강우량의 변화 때문에 식량 가격이 최소 3퍼센트에서 최대 84퍼센트까지 오를 수 있으며, 일부 열대지방에서는 어획량이 40~60퍼센트 감소할 수 있다는 섬뜩한 경고도 나왔다.

한국도 예외일 수 없다. 한국농촌경제원은 2015년 4월 기후변화가 현 추세대로 계속된다면 2050년 쌀 자급률이 50퍼센트 아래로 떨어질 것으로 전망했다. 기후변화가 천천히 진행된다는 낙관적인 가정 아래서도 2050년 쌀 자급률은 51.8퍼센트에 불과할 것이라고 한다. 주식인 옥수수를 뒤로하고 가뭄에 잘 견디는 다른 먹거리를 찾고 있는 케냐 농촌의 현재가 어쩌면 우리의 미래일지도 모른다.

우갈리 만드는 법

옥수수 가루를 반죽해 만드는 우갈리는 케냐뿐만 아니라 이웃 나라 탄자니아와 다른 사하라 이남 아프리카에서도 즐겨 먹는 음식이다. 케냐와 탄자니아에서는 우갈리, 말라위와 잠비아에서는 은시마nsima, 남아프리카 공화국에서는 팝pap이나 밀리팝mealie pap, 짐바브웨에서는 사드자sadza라 불린다. 밀가루 반죽같이 생겼지만 사실 물기가 없는 옥수수죽의 일종이다. 남아공에서 우갈리를 부르는 말인 팝은 현지어 중 하나인 아프리칸스어로 '죽'이라는 뜻이다.

우갈리를 만드는 방법은 매우 간단하다. 바닥이 두꺼운 냄비에 물 4컵과 소금 1티스푼을 넣고 끓인다. 물이 끓으면 곱게 간 옥수수 가루 2컵을 천천히 부어가며 섞는다. 불의 세기를 중약으로 줄이고 덩어리진 가루를 숟가락으로 으깨가며 반죽이 단단해질 때까지 저은 뒤 불에서 내리고 큰 그릇에 담아 식탁에 낸다. 손을 깨끗이 씻고, 손으로 우갈리를 뜯어서 다른 음식과 함께 먹으면 된다.

아프리카의 요리들

인류 역사가 시작된 아프리카에는 다양한 민족과 부족이 살고 있는 것만큼이나 음식도 다양하다. 지역별로도 아랍계 유목민족이 많이 사는 북부와 동아프리카, 중부와 서부·남부 아프리카의 음식과 식재료는 천차만별이다.

푸푸Fufu, foofoo는 중·서부 아프리카의 대표적인 음식이며, 아프리카인 노예들이 많이 정착한 중미 카리브 해 섬들에서도 흔히 찾아볼 수 있다. 감자와 비슷한 뿌리식물인 카사바의 가루로 만들지만 역시 뿌리식물인 얌이나 코코얌, 혹은 바나나와 비슷한 플랜틴 가루로 만들기도 한다. 이 가루를 반죽해 빵처럼 익힌 뒤 뜯어 먹기도 하고, 수프에 찍어 먹기도 한다. 찐빵처럼 생긴 푸푸를 닭고기 국물에 넣어 끓이기도 한다. 서아프리카 가나에서는 푸푸에 땅콩 수프를 곁들여 먹는 것이 '국민 밥상'이다. 코트디부아르, 콩고를 비롯해 중·서부 아프리카 일대에 널리 퍼져 있다.

와트wat는 에티오피아와 에리트레아 등 동부 아프리카의 이른바 '아프리카의 뿔' 지역에서 많이 먹는 음식이다. 닭고기, 쇠고기, 양고기 따위를 채소와 함께 끓여서 향신료를 넣은 것으로 카레나 스튜와 비슷하다. 육수를 내는 고기 종류는 다르지만 붉은 양파를 다진 것은 공통적으로 들어간다. 인제라injera 라고 부르는 발효시키지 않은 빵과 함께 먹는다.

푸푸.

16세기 이후 아프리카 남부에 정착한 네덜란드인들의 후손인 아프리카 너들은 아프리칸스라는 언어와 함께 네덜란드의 것과 아프리카인들의 것을 결합시킨 독특한 문화를 만들어냈다. 포이키카스Potjiekos라 불리는 음식도 그중 하나다. 포이키Potjie는 작은 솥단지를 가리키고, 포이키카스는 '솥단지 음식'이라는 뜻이다. 보통 야외에서 화롯불에 솥을 얹어놓고 끓인 음식을 가리킨다. 원래 네덜란드에서는 집 안의 화덕에서 음식을 하던 것이 남아프리카에서는 야외 음식으로 바뀌었다고 한다.

먼저 단지에 기름을 넣고 달군다. 양고기나 돼지고기를 넣고 익히다가 양념을 하는데 흔히 맥주나 셰리주, 와인 등을 부어 누린내를 없앤다. 고기가 옅은 갈색으로 익으면 감자나 옥수수를 넣어 끓인 뒤 간을 한다.

세계의 주식 작물

　옥수수, 쌀, 밀을 3대 주식 작물이라 부른다. 이 세 작물은 2012년 기준으로 전 세계 곡물 생산량의 89퍼센트를 차지한다.

　옥수수는 미주와 아프리카의 주식이다. 미국에서 아침식사 대용으로 많이 먹는 곡물 시리얼은 대부분 옥수수로 만든다. 멕시코의 주식 토르티야는 최근 들어 밀가루로 만드는 비중이 늘어났지만 전통적으로는 옥수수 가루를 써서 만들었다. 쌀은 한국 등 동아시아와 동남아시아, 남아시아 대부분의 지역의 주식이다. 브라질 등 포르투갈 문화가 퍼져 있는 남미에서도 쌀을 많이 먹는다.

　전 세계에서 식용으로 가장 많이 재배하는 작물은 밀이다. 옥수수 생산량이 더 많지만, 옥수수는 대부분 사료용이나 연료용으로 쓰인다. 밀은 북미와 유럽, 호주, 뉴질랜드, 남미와 중동 대부분 지역에서 주식이다. 쉽게 대량으로 재배할 수 있는 데다 빵과 과자, 국수, 술 등 무엇이든 쉽게 만들 수 있어서 세계 어디서나 사랑받는다. 밀은 주식으로 먹는 곡물 가운데 단백질 함량이 가장 높은 곡물이기도 하다. 동아시아 불교문화권에서는 밀에 들어 있는 단백질의 일종인 글루텐으로 밀고기를 만들어 먹기도 한다. 다음으로 생산량이 높은 작물은 보리, 수수, 기장, 귀리, 호밀 순이다.

　우리에게 익숙하지 않은 곡물들을 주식으로 먹는 곳도 많다. 테프teff는 에티오피아의 주식인 납작한 전통 빵 인제라를 만드는 데 사용된다. 잉카 제국의 곡물로 알려진 퀴노아quinoa는 페루와 볼리비아, 에콰도르에서 여전히 많이 먹는다.

　곡물이 아니면서 주식으로 많이 먹는 대표적인 작물은 감자다. 감자는

특히 동유럽과 남미 안데스 지방에서는 식탁에서 빼놓을 수 없는 음식이고, 인도 등 남아시아에서도 즐겨 먹는다. 영국의 피시앤드칩스, 프랑스인들이 스테이크에 곁들여 먹는 프렌치프라이, 미국에서 햄버거 사이에 끼워 먹는 해시 브라운Hash brown, 이탈리아에서 먹는 감자로 만든 파스타 뇨키 등이 감자가 들어간 음식이다. 인류는 21세기의 첫 10년 동안 1인당 연평균 33킬로그램의 감자를 먹었다.

5

슬럼가의
생존법

보릿가루와 밀가루로 튀겨낸 빵. 쌀과 옥수수를 섞어 빻아 끓인 죽. 밀가루와 감자 가루 반죽으로 만들어 튀긴 과자. 염소에서 짠 우유. 기름에 볶은 채소. 그리고 힘겹게 얻은 물. 인도 뉴델리 쿠숨푸르에 있는 파하리 슬럼 주민들의 일용할 양식이다.

뉴델리 아래쪽에 있는 1제곱킬로미터 크기의 작은 땅에는 무려 10만 명이 살고 있다. 이곳 주민들은 대부분 일자리를 찾아 도시로 온 시골 사람들이다. 마을이 생긴 것은 50년 전이지만 최근 인도가 빠르게 도시화되면서 거대한 슬럼이 되어버렸다. 정부가 소규모로 지원해주기는 하지만 주민들의 삶의 전제는 어디까지나 '자력갱생'이다. 손바닥만 한 방에서 새우잠을 자며 대충 끼니를 때운 뒤 허드렛일로 연명하는 이곳 사람들의 목적은 하루빨리 돈을 모아 슬럼을 탈출하는 것이다.

파키스탄

● 파하르간지
● 뉴델리
네팔

부탄

방글라데시

● 쿠숨푸르

인도

벵골 만

✗ 이른 아침 시작되는 슬럼의 하루

세계에서 인구 밀도가 가장 높은 곳 중 하나인 인도의 슬럼, 이곳
사람들은 무얼 먹으며 허기를 달래고 시름을 잊을까. 2015년 6월 슬
럼을 찾았다. 가이드와 통역사, 슬럼에 살면서 근처 학교에서 일하는
보조교사, 그리고 교민 3명과 함께 쿠숨푸르에 들렀다. 가이드와 취재
진만 갔다가는 험한 일을 당할 수도 있다고 해서 일행을 늘려 '그룹'을
꾸렸다. 슬럼을 찾은 시간은 오전 11시쯤이었고, 여성과 아이들이 많
았다. 보조교사로 일하는 샤바브는 "남자들은 이른 아침밥을 먹고 모

두 일하러 밖으로 나갔다"고 말했다.

여성 몇몇이 늦게 일어나는 아이들에게 줄 음식을 만들고 있었다. 한 여성이 노란 죽이 든 통을 열어 보였다. 쌀과 옥수수 가루를 빻아 끓인 '덜리야daliya'라는 죽이다. "부드럽고 따뜻해 아이들이 잘 먹는다"고 말하는 어머니의 표정은 환했다. 이곳 사람들이 가장 많이 먹는 것은 튀긴 빵이다. 밀가루로 만든 '차파티chapati'라는 빵은 남녀노소를 불문하고 자주 먹는다. 자전거 인력거꾼 랑지트는 "아침에 일하러 갈 때 싸가지고 나가서 손님 없는 시간에 '카레'에 찍어 먹는다"고 말했다.

이튿날 아침 일찍 다시 슬럼에 들렀다. 여러 집이 밥하는 모습을 볼 수 있었다. 여성들은 '출라'라고 하는 전통 화덕에 마른 나무를 태워 음식을 만들었다. 두 아이의 엄마인 스루티는 "출라에 불이 잘 안 지펴질 때에는 가스레인지를 쓰는 옆집이 부럽다"며 웃었다.

밀과 감자 가루 반죽이 가스레인지 위에서 기름에 튀겨지고 있다. 뒤편에 보이는 흙색 화덕이 '출라'다.

뉴델리 쿠숨푸르의 파하리 슬럼에 살고
있는 한 여성이 쌀과 옥수수 가루를 빻
아 끓인 '달리야'를 보여주고 있다.

자전거 인력거꾼 랑지트가 오전 일을
마친 뒤 인력거 위에 올라 차파티를 카
레에 찍어 먹고 있다.

슬럼은 세계적인 현상이다. 지난 30년 사이 국제통화기금IMF 등 이른바 '워싱턴 기구'들의 압력에 밀린 저개발국가 정부들이 자국의 시장을 열면서 곳곳에서 농업이 붕괴하고 농촌이 해체됐다. 땅에서 분리된 사람들은 대도시로 몰려들었고, '메가 시티'로 표현되는 초거대 도시들 주변에는 예외 없이 '메가 슬럼'들이 들어섰다. 이미 세계 인구의 절반 이상이 도시에서 살아가는 시대가 됐으며, 그들 중 상당수는 슬럼가의 주민이다. 특히 인도는 '슬럼의 나라'다. 영화 「슬럼독 밀리어네어Slumdog Millionaire」로 유명세를 치른 뭄바이의 다라비 슬럼에는 100만 명이 밀집해 있다.

슬럼의 인프라는 열악하고 삶은 거칠지만, 그곳 사람들에겐 나름의 생존법이 있다. 밥을 굶는 절대 빈곤이나 '비참한 삶의 나락'을 떠올려서는 안 된다. 인도의 슬럼들은 도시의 나머지 지역과 분리되어 있되 공생한다. 미국의 저널리스트 앨런 와이즈먼은 다라비 슬럼을 탐사한 뒤 슬럼이 얼마나 '생산적'인지를 묘사했다. 버려진 것들을 모아 집을 짓고, 쓰레기를 모아 재활용하며 새로운 상품으로 만드는 이들이 슬럼 사람들이다. 그래서 슬럼 옆에 27층짜리 대저택을 지은 인도의 갑부 무케시 암바니조차 집 주변 빈민들을 내쫓으려 하지는 않는다고 한다. 적은 돈을 받고 적은 돈을 쓰며 일하는 사람들이 필요하다는 단순한 이유에서다. 그런 까닭에 인도의 슬럼에서는 실업자를 거의 찾아보기 힘들다고 했다. 문제는 간신히 생계를 유지할 정도의 저임금이라는 데 있다.

슬럼의 인프라는 형편없고 삶은 거칠지만, 제대로 된 밥상 대신 길거리에서 끼니를 때울지언정 그들에겐 자신들만의 생존법이 있다. 인도는 거의 모든 곡물을 자급자족하며 수출도 많이 한다. 곡물 값은 매우 싸서, 종류에 상관없이 1킬로그램당 20~75루피(약 360~1370원)에 팔린다. 가이드인 타라찬드는 "곡물 가격은 거의 오르지 않는다"며 "폭동을 일으킬까봐 정부가 값을 묶어놨다는 소문도 있다"고 귀띔했다.

정부는 또 슬럼 주민들에게 쌀을 거의 공짜로 공급한다. 두 자녀 및 시어머니와 함께 사는 수미트는 "정부의 쌀 가격은 시중의 15분의 1 수준"이라고 말했다. 쌀 10킬로그램을 20루피(약 360원)면 살 수 있다는 뜻이다. 정부 배급량 이상을 먹으려면 상점에서 훨씬 더 비싼 값을 치르고 사야 한다. 이곳에도 나름 시장이 형성되어 있다. 여기서 파는 곡물은 바깥보다 싼 편이다.

✕ "과일은 돈 있는 사람만 먹어요"

파하리 슬럼에서 20년 동안 곡물가게를 열고 있다는 마흔 살의 초텔달은 "요즘은 장사가 잘 안 된다"며 걱정했다. 옆의 한 노점상에서는 밀가루 반죽을 겨자기름에 튀긴 '푸리puri'라는 빵을 팔았다. 10루피(약 180원)를 주고 아이 손바닥만 한 푸리 5개를 샀다. 위생 상태가 다소 걱정스러워 일행은 꺼렸지만, 기자는 '용감하게' 두 개를 먹었다. 뜨겁고 기름지지만 먹을 만했다.

기온은 섭씨 40도를 웃돌았다. 습도가 낮아 땀이 많이 나진 않았지만 내리쬐는 강한 볕에 머리가 아팠다. 이때 눈에 들어온 것은 과일 장수와 아이스크림 장수였다. 과일은 1킬로그램에 15루피(약 270원) 정도에 팔렸다. 수박 반 통이면 50루피(약 910원)가 넘는다. 함께 다니던 가이드 굴라브는 "과일을 먹을 수 있는 사람은 돈 있는 이들뿐"이라고 했다. 아이스크림도 맛보고 싶었지만 배탈이라도 날까 싶어 자신이 없었다. 희뿌연 종이에 싸인 채 녹슨 철제 통에 담긴 아이스크림은 크기에 따라 5루피(약 90원)에서 20루피(약 360원) 정도였다.

정부의 식량 배급이 있긴 하지만 넉넉할 리 없다. 이곳에서 14년째 살고 있다는 두 아이의 아빠 쿠마르(33세)는 물을 길어오느라 흘린 땀을 닦으면서 배급 카드를 내밀었다. 쿠마르는 "우리 식구는 네 명인데 나와 아내 둘만 이름이 올라가 있다"며 "네 살, 다섯 살 두 아들의 이름을 올리려 해도 정부가 허락해주지 않는다"고 답답해했다. 쿠마르는 "배급 카드에 이름을 올린 사람은 매달 1인당 밀 4킬로그램, 쌀 1킬로그램을 거의 공짜로 받을 수 있다"고 설명했다.

쿠마르는 경비원 등 몇 가지 일을 해서 한 달에 8500루피(약 15만 5380원)를 번다. 4000루피는 먹는 데 쓰고 2000루피는 시골 부모님에게 보낸다. 그의 월급은 인도 평균을 약간 밑돌지만 파하리에서는 형편이 좋은 편이다. 마히싱 촌장은 "이곳 사람들의 가구 평균 수입은 하루 200~250루피(약 3650~4570원)"라면서 "버는 돈을 먹는 데 거의 다 쓸 수밖에 없는 실정"이라고 말했다. 먹을거리가 절대적으로 부족한 것은 아니지만 질과 위생 상태가 문제다. 샤바브는 "이곳에 들어오는 곡물은 물량보다는 질이 문제"라며 "좋은 것은 모두 바깥 시장에

서 팔리고 나쁜 것만 슬럼으로 온다"고 말했다.

인도는 설탕의 원산지다. 유럽이나 아시아의 다른 지역에 설탕이 알려지지 않았던 2000년 전부터 인도에는 설탕이 있었다. 고대 인도인들은 사탕수수 즙을 짜서 먹었다. 8세기 무렵에는 이미 사탕수수에서 설탕을 정제해내는 기술이 개발되었다는 기록이 있다. 하지만 정작 21세기 인도의 빈민들은 설탕을 입에 대기 힘들다. 슬럼에서 가장 부족한 것은 바로 설탕과 과일이다. 과일은 노점상이 있어도 돈이 없어 못 사 먹지만 설탕은 다르다. 쿠마르는 "설탕을 거의 먹지 못한다. 설탕을 사려면 암시장에 가서 많은 돈을 주고 사야 한다"고 말했다.

인도는 세계 2위의 설탕 수출국이자 최대 소비국이다. 이달 초 블룸버그의 보도에 따르면 인도의 사탕수수 생산은 최근 5년 연속 수요를 초과했고 재고도 1020만 톤에 이른다. 그러니 슬럼가에 설탕이 없는 것은 분배의 문제다.

물도 항상 부족하다. 수도 시스템이 없어 급수차가 하루에 몇 번씩 와서 물을 주고 간다. 마실 물, 세탁용 물은 따로 공급된다. 아침에 급수차가 오는 시간에는 물통을 갖고 몰려든 사람들로 북새통을 이룬다. 물을 받으면 다행이지만 받지 못하는 경우도 있다. 물도 식구 수로 따지는 게 아니라 가구당 일정하게 배급되기 때문에 식구가 많은 집은 물 걱정에서 벗어나기 힘들다. 영국 BBC는 최근 "우물을 파서 얻은 지하수를 암시장을 통해 비싸게 파는 '물 마피아'가 기승을 부리고 있다"고 보도했다. 물 200리터를 10달러에 파는 곳도 있다고 했는데, 실제로 상황을 보니 그럴 만도 했다.

슬럼 여성들이 물통을 세워놓고 급수차에서
물을 받는 모습이다.

슬럼에 사는 아버지와 아들이 밀가루 빵과 작은 그릇에 담긴
카레로 아침식사를 하고 있다.

슬럼 곳곳에는 시궁창이 흘렀다. 하수도가 없기 때문에 버려진 물은 집 마당 한쪽을 타고 아래로 흐른다. 썩은 냄새가 진동하고 파리가 들끓는다. 그런데도 사람들은 개의치 않는 눈치다. 염소, 돼지, 개도 시궁창에서 뒹굴며 그 물을 먹고 산다. "인도 사람들이 돈이 없어도 돼지고기를 안 먹는 건 더럽기 때문"이라는 말이 실감됐다.

가족이 한데 모여 밥을 먹는 모습은 보기 힘들었다. 어른들은 아침을 일찍 먹고 일하러 가기 때문이다. 아이들은 느지막이 일어나 식사를 하고, 여성들은 집안일을 마친 뒤 틈날 때 끼니를 때운다. 저녁식사도 모두 모여 하기는 힘들다. 한국계 회사에 다니는 인도인 헤먼트는 "새벽밥을 먹고 나가 일한 뒤 들어와 쉬고, 늦은 밤에 식사를 하고 바로 잠을 자는 게 농경사회인 인도의 관례"라고 말했다. 인도는 국토의 60퍼센트가 경작되며 인구의 절반이 농업에 종사한다.

✕ 싼 음식의 천국, 네슬레 '납 라면' 파동도

무거운 마음으로 슬럼을 둘러본 뒤 이튿날 뉴델리 북부에 있는 파하르간지로 이동했다. 이곳은 국내외 여행자들의 거리로 유명하다. 값싼 숙소와 저렴한 음식이 있고, 적은 돈으로 쇼핑할 수 있는 곳이다. 그래서 '여행자들의 천국'이라고 말하는 이들도 있지만, 중산층 이하의 사람들이 뉴델리 역 근처에 모여 살면서 배낭여행자들이나 외지 사람들을 상대하며 생계를 유지하는 정도다.

이곳에서 파는 음식도 대부분 서민들이 먹는 것이었다. 밀·쌀·감자 가루 따위로 만든 빵, 과자를 기름에 튀긴 뒤 설탕이나 물엿을 묻혀 판다. 밀가루와 감자 가루를 튀겨 만든 돈주머니 모양의 카초리kachori 는 1개에 10루피(약 180원)였다. 이마르티Imarti 는 밀가루 반죽을 겨자 기름에 튀긴 뒤 설탕물에 푹 담갔다가 꺼낸다. 밀가루, 채소 등을 넣은 튀김도 있다. 튀김 기름과 설탕물은 모두 오래돼 보였고 솥과 진열장 도 지저분했다. 가이드는 "보통 인도 남쪽 사람들이 빵과 과자를 즐겨 먹는다"며 "대부분의 음식을 튀겨 먹는 것은 더운 날씨에 냉장고 없이 음식을 오래 보관하기 위해서인 것 같다"고 말했다.

길거리 음식들을 사 먹을 때마다 위생 상태를 걱정했지만, 아이러 니하게도 인도에서 최근 식품 안전의 최대 현안으로 떠오른 것은 상점 에서 파는 글로벌 기업의 즉석식품이었다. 인도인들이 한 끼를 때우기 위해 즐겨 먹는 '매기 누들Maggie Noodle'은 네슬레가 1983년에 출시한 즉석 면으로 2분이면 조리가 끝난다. 즉석식품 시장에서 독보적인 매 출 1위를 달려 밀과 쌀에 이어 '제3의 주식'이라고 할 정도였다.

그런데 이렇게 인기가 높았던 매기 누들에 허용치보다 일곱 배나 많 은 양의 납이 들어가 있었던 것으로 밝혀져 2015년 6월 판매가 전면 금지됐다. 고발이라는 24세의 남성은 "매기 누들을 식당에서 25루피 (약 450원)에 사 먹거나, 10루피에 한 팩을 사서 집에서 끓여 먹었다" 고 한다. 그는 "일주일에 다섯 번은 먹었는데"라며 더 이상 못 먹게 된 것을 아쉬워했다. 다른 음식으로 배를 채우려면 50루피(약 910원) 정 도가 필요하다.

인도의 길거리 음식.

목을 축이려면 곳곳에서 파는 과일 주스를 마신다. 이곳 사람들이 즐겨 마시는 것은 피가 맑아진다는 석류 주스와 사탕수수 주스다. 주스는 컵 크기에 따라 한 잔에 10~30루피씩 했다. 즉석에서 갈아주기 때문에 위생은 괜찮았지만 물로 대충 헹군 컵으로 받아 마시는 게 찝찝했다. 개인용 컵을 꼭 갖고 다니라는 한국 친구의 말에 그제야 고개가 끄덕여졌다. 슬럼에선 과일을 사 먹기 힘들다지만 슬럼 밖 길거리에서 파는 과일은 한국에 비해 값도 싸고 맛있다. 망고는 1킬로그램에 50루피(약 910원), 수박은 1킬로그램에 40루피(약 740원)였다. 과일 중 가장 싼 바나나는 12개에 50루피였다.

술집을 찾기는 어디서나 쉽지 않았다. 인도에서 술을 판매하려면 면허증이 있어야 한다. 면허증을 얻으려면 돈을 내야 하고 일정 기간이 지나 갱신할 때 또다시 돈이 들어간다. 그래서인지 작은 상점과 길거리 식당에서는 술을 팔지 않았다. 술을 병이나 캔으로 사려면 길거리에 간혹 보이는 주류전문판매점에 가야 했다. 이런 가게에서 파는 300밀리리터짜리 독일 맥주는 한 병에 250루피(약 4570원)에서 300루피(약 5480원)로 한국보다 오히려 비쌌다. 12년째 한국 음식점을 경영하고 있는 교민 김진범씨는 "주류 판매 면허증도 내는 돈 액수에 따라 종류가 다양하다"며 "외국 술을 팔 수 있는 면허증을 사려면 많은 돈을 내야 하기 때문에 외국 술은 비쌀 수밖에 없다"고 말했다.

난, 차파티, 푸리

인도 밀가루 빵 중 가장 대표적인 게 난Naan이다. 난은 밀가루 반죽을 발효시킨 뒤 전통 화덕인 탄두리에 구워낸 것으로 납작하고 약간 부푼 모양이다. 반죽을 발효시키는 과정에서 자잘한 기포가 생기고 그것들이 화덕 속에서 열을 받으면 부풀어 오른다. 반드시 화덕이 있어야 만들 수 있고 조리 시간도 많이 걸린다. 겉도 많이 딱딱하지 않을뿐더러 속은 쫄깃쫄깃하고 부드럽다. 가격은 다른 빵보다 약간 비싼 편이다.

차파티Chapati도 난처럼 밀가루 반죽으로 만든다. 반죽을 발효시키지 않고 곧바로 프라이팬에 기름으로 구워내는 점이 난과 다르다. 난에 비해 식감이 거칠고 맛도 밋밋하다. 그렇더라도 빠른 시간에 간단하게 만들 수 있어 가장 저렴하고 보편적으로 찾는 빵이다.

푸리Puri는 기름에 튀긴 빵이다. 빵빵하게 부푼 게 마치 '공갈빵'과 비슷하다. 차파티보다 더 빠르고 쉽게 만들 수 있어 가격도 더 저렴하다.

약간 부풀어 오른 밀
가루 빵인 난.

설탕의 역사

　설탕의 원료가 되는 사탕수수는 기원전 2000년 무렵 이미 인도에서 재배된 것으로 추정된다. 설탕이 전 세계에 알려진 것은 기원전 327년 알렉산드로스 대왕이 인도로 원정군을 보낸 때다. 그때 사령관인 네아르코스 장군이 설탕을 알게 된 것으로 전해진다. 그리스인들은 설탕을 '인도 소금' '꿀벌이 만들지 않은 꿀'이라고 불렀다. 설탕이 나오기 전에는 꿀을 사용했다.

　설탕은 5～6세기 중국과 인도네시아로 보급된 뒤 7～8세기 유럽까지 전해졌으며 이때 지중해 여러 섬에서 사탕수수가 재배됐다.

　16세기부터 강대국들은 세계를 움직이는 대표적 상품인 설탕의 생산지를 확보하고 유통망을 장악하기 위해 엄청나게 노력했다. 사탕수수 재배에는 많은 노동력이 필요할 뿐 아니라 토질도 황폐하게 만드는 특성이 있다. 그래서 새로운 경작지와 인력이 계속해서 필요했다. 신대륙의 식민지에서 사탕수수 생산을 위한 대농장, 즉 플랜테이션이 만들어진 것도 이 때문이다. 16세기 브라질, 카리브 해 섬들에서도 사탕수수가 대규모로 재배됐고 19세기에는 동남아에서도 그랬다.

　이 과정에서 수많은 노예와 원주민들이 혹사당했다. 프랑스 철학자 클로드 아드리앙 엘베티우스(1715～1771)는 "유럽으로 수입되는 설탕 중에는 사람의 피를 흘리지 않고 만들어진 것이 없다"고 말하기도 했다. 한국은 삼국시대에 중국 당나라로부터 설탕을 들여온 것으로 전해진다.

　슈거sugar의 어원은 인도 산스크리트어 사르카라sarkara 또는 사카라sakkara에서 유래한 것 같다. 설탕은 원료에 따라 사탕수수에서 만들어지는 수수

설탕cane sugar과 사탕무의 무설탕beet sugar으로 나뉜다. 제조법에 따라 당밀
분을 함유하는 함밀당含蜜糖, 당밀분을 분리한 분밀당分蜜糖으로 분류된다.
일상생활에서 사용되는 것은 당밀을 분리·정제한 흰색 분밀당이다.

근대 시기 사탕수수
농장의 노동자들.

인도식 만두, 카초리와 사모사

 카초리Kachori는 인도 곳곳에서 인기가 높은 음식이다. 채소를 볶거나 삶아서 만드는 전채煎菜 요리다. 밀가루 반죽 속에 완두, 칠리, 생강 등을 채운 것인데, 지역에 따라 토마토, 양파 등을 넣기도 하고 설탕, 소금, 후추로 간을 맞춘다.

 우선 밀가루에 베이킹파우더와 물 등을 넣고 반죽을 한다. 충분히 단단해진 반죽을 조그맣게 떼어내 경단 모양으로 만든 뒤 원통형 밀대를 이용해 송편 피처럼 얇게 민다. 속에 들어가는 야채, 채소 등은 미리 볶거나 삶

파하르간지 시장 상인이 밀가루와 감자 가루를 튀겨 카초리를 만들고 있다.

아야 한다. 거기에 설탕, 칠리 등을 넣어 간을 맞추면 준비가 끝난다. 이렇게 만들어진 속을 밀가루 피 위에 올려놓은 뒤 보자기를 싸듯이 덮고 납작하게 누른다. 그걸 기름에 넣고 표면이 노래질 때까지 튀기면 된다. 라자스탄 지역의 카초리는 반죽을 속이 빈 큼지막한 찐빵 모양으로 먼저 튀겨낸 뒤 위에 구멍을 뚫는다. 그리고 그 속에 다양한 재료와 양념을 넣고 카레를 부어 먹는다.

　카초리는 겨울철 따뜻한 아침식사, 부드러운 '아점' 또는 저녁 간식으로 제격이다. 과일이나 채소에 향신료를 넣어 만든 인도식 소스인 처트니와 함께 먹으면 맛이 더 좋다.

　카초리와 비슷한 사모사samosa라는 것도 있다. 사모사는 전통적으로 세모꼴 모양이며 한 입에 들어갈 정도의 크기다. 바삭하게 구워낸 고기만두와 비슷하다. 레시피는 우선 밀가루 반죽을 원뿔 모양으로 만든다. 그 안에 미리 만든 속을 넣은 뒤 입구를 봉하고 기름에 튀겨내면 완성된다. 안에 들어가는 재료는 미리 삶거나 볶아낸 감자, 완두, 양파, 양고기, 닭고기 등에 양념을 섞은 것이다.

5 슈랑가의 명조번

6

푸드 뱅크,
'풍요 속의 빈곤'

영국 런던·이스트그린스테드
이스트서식스

2015
06.18-22

영국 런던에서 남쪽으로 43킬로미터 떨어진 웨스트서식스의 이스트그린스테드. 주민센터 실내체육관 창고에 음식이 종류별, 유통기한별로 차곡차곡 쌓여 있다. 가장 먼저 눈에 띈 것은 고급 슈퍼마켓 체인 웨이트로스의 로고가 찍힌 채소 통조림이다. 구운 콩, 잘게 썬 당근, 감자가 든 통조림이 수북이 쌓여 있다. 한국에서도 많이 파는 그린자이언트 옥수수 통조림도 보인다. 버섯수프 통조림과 햄, 파스타, 시리얼, 튀긴 면도 한쪽에 놓여 있다.

2015년 6월에 찾아간 이스트그린스테드는 런던 빅토리아 역에서 기차로 한 시간가량 걸리는 곳으로, 런던으로 출퇴근하는 직장인들과 은퇴 후 전원생활을 즐기는 사람들이 주로 사는 백인 중산층 밀집지역이다. 역에서 내려 바라본 이스트그린스테드는 왕복 2차로를 오가는 차들과 녹지, 아담한 2층 주택들이 어우러진 평화로운 마을이었다. 어디에도 '배고픔' 같은 말은 끼어들 자리가 없

이스트그린스테드의 트루셀 트러스트가 운영하는 푸드 뱅크에서 한 자원봉사자가 통조림 정리 작업을 하고 있다.

어 보였다.

하지만 한 걸음 들어가자 첫인상과 다른 풍경이 눈에 들어오기 시작했다. 주민센터 앞에는 "저녁에 뭘 먹을까? 만약 음식과 살 돈이 없어서 모르겠다면, 저희가 돕겠습니다"라고 쓰인 입간판이 있었다. 푸드 뱅크food bank (무료 급식소) 안내판이다. 영국 전역에서 푸드 뱅크 437개를 운영하는 최대 무료 급식 기구인 트루셀 트러스트The Trussell Trust 가 2012년 12월부터 운영하고 있는 곳이다.

북해

영국

아일랜드

런던
●

이스트서식스 ● ● 이스트그린스테드

🍴 굶는 사람 백만 명, 영국의 가려진 현실

이 급식소의 담당자 줄리아 해리스(50세)는 "처음엔 이 동네에도 푸드 뱅크가 필요할까 하는 의문이 들었지만 조사를 해보니 빈곤 문제가 예상보다 훨씬 더 심각했다"고 말했다. 푸드 뱅크가 생긴 뒤 2년 반 동안 2000명의 주민이 도움을 받았다. "멀쩡하게 직장에 다녔고 승용차도 가지고 있던 남자가 갑작스레 직장을 잃고 이곳에 왔어요. 부인마저 떠난 후 친구 집에 얹혀 지내다가 도저히 안되겠어서 푸드 뱅크를 찾은 거죠. 자기 사연을 이야기하면서 펑펑 울더군요."

작은 창고에서 시작된 급식소는 이용자가 많아지자 주민센터로 자리를 옮겼다. 푸드 뱅크는 매일 오후 1시부터 3시까지 문을 열고 사정이 급한 주민들에게는 사흘 치 긴급구호식품을 내준다. 사연은 다양하다. 실직과 질병 때문에, 보조금을 받는 게 늦어져서, 갑작스러운 지출이나 빚으로 식료품을 살 돈이 없는 사람들이다. 이들에게 줄 음식은 여러 곳에서 기부받은 것들이다. 여유가 있는 주민들이 먹고 남은 음식을 가져오기도 하고, 교회나 학교에서 기부하기도 한다. 웨이트로스, 세인즈버리스 등 슈퍼마켓 체인에서도 1년에 한 번 음식을 기부한다. 말하자면 푸드 뱅크는 '남아도는 음식'과 '먹을 것을 살 돈이 없는 사람들'이 만나는 곳이다.

창고 구석에 놓인 푸드 박스에는 '3인용 식품 할당량'의 목록이 붙어 있었다. '시리얼 큰 것 1개, 파스타 소스 2병, 수프 4통, 쌀 또는 파스타 1.5킬로그램, 우유 3리터, 토마토 2통, 빵한 덩이, 과일 주스 1리터, 티백 80개 또는 커피(중간 크기) 1병, 생선 3통, 고기 2통, 구운 콩 4통, 잼 1병, 쌀 푸딩 2통, 과일 2통, 푸딩 2통, 커스터드소스 2통, 비스킷 2팩, 채소 4통, 감자 2통, 설탕 1킬로그램.' 모두 쉽게 부패하지 않게 통조림 따위로 가공

3 People's Food Allocation		
Client Name:		
Item	**Allocation**	**Given**
Cereal	1 large	
Pasta Sauce	2 jar	
Soup	4 tins	
Rice and/or Pasta	1.5kg total	
Milk	3 litres	
Tomatoes	2 tins	
Bread (brown or white)	1 loaf	
Fruit Juice	1 litre	
Teabags or Coffee	80 bags/med jar	
Fish	3 tins	
Meat	2 tins	
Baked Beans	4 tins	
Jam	1 jar	
Rice Pudding	2 tins	
Fruit	2 tins	
Sponge Puddings	2 tins	
Custard	2 tins	
Biscuits	2 packets	
Vegetables	4 tins	
New Potatoes	2 tins	
Sugar	1 kg	
Received signature		

푸드 뱅크에서 제공되는 3인용 식품 할당량 목록. 쉽게 상하지 않는 가공식품이 주를 이룬다.

된 것들이다.

해리스는 "집에 오븐이 없는 사람들도 쉽게 조리해 먹을 수 있는 음식을 준비한다"고 설명했다. 대개 유통기한이 얼마 남지 않은 것들을 기부받기 때문에, 통조림 바구니 앞에는 '유통기한이 가까운 것부터 반출할 것'이라고 쓰인 쪽지가 붙어 있었다.

트루셀 트러스트에 따르면, 2014년 영국에서 사흘 넘게 이 단체의 푸드 뱅크를 이용했던 사람은 모두 110만 명에 달했다. 2013년에 그 수치가 91만3000명이었던 것에 비해 크게 늘어난 것이다. 그중 3분의 1 이상이 어린이다. 이 단체는 영국에서 1300만 명이 빈곤선 아래에 있는 것으로 추정하고 있다. 푸드 뱅크가 없으면 당장 밥을 굶어야 하는 사람이 100만 명이 넘는다는 것은 엄청난 사회 문제다. 대규모 해고를 낳은 마거릿 대처 시절의 신자유주의 파도, 그리고 2009년 금융위기 이후의 복지 축소 여파로 영국의 빈곤은 나날이 확대되고 있다. 부의 양극화는 세계 모든 대도시의 고민거리이지만, 특히 런던의 빈부 격차와 중산층 붕괴는 심각하다.

옥스퍼드대 연구팀은 1980년부터 2010년까지 30년 동안 런던의 중산층은 43퍼센트 줄고 빈곤 가구와 부유층 가구는 각각 80퍼센트씩 늘었다는 연구 결과를 내놨다. 2014년 말 영국 국교회인 성공회의 정신적 지도자 저스틴 웰비 캔터베리 대주교는 굶는 사람이 100만 명에 이르는 현실을 가리켜 "이곳(영국)에서 이런 일이 벌어지고 있다는 것은 충격적인 일"이라며 대책을 호소하기도 했다.

먹을 것조차 없는 이들이 늘어나고 푸드 뱅크가 영국 전역에 퍼졌지

푸드 뱅크의 음식들이다. 전 세계적으로 빈부의 격차가 심해진다지만, 최근 영국의 양극화는 눈에 띌 만큼 심각하다. 푸드 뱅크를 이용하는 이들의 숫자도 크게 늘어나고 있다.

만 누구나 매일 무료 급식을 받을 수 있는 것은 아니다. 상담소, 주택협회, 지역 보건의사, 자녀의 학교, 교회, 가족센터, 시 사회복지과 등에서 바우처를 받아와야 한다. 게다가 한 가지 사유로는 세 번까지만 음식을 받아갈 수 있다. 공짜 밥에 의존하는 이들을 막기 위해서다. 어떤 이들은 '공짜 복지는 사람을 게으르게 만든다'고 주장하지만 해리스의 생각은 다르다.

"푸드 뱅크가 생겼을 때는 도움을 받는 것을 부끄럽게 여겨 찾는 사람이 적었습니다. 도움이 필요한데도 자존심 때문에 오지 않는 이들이 여전히 많습니다."

푸드 뱅크에 오면서 얼마나 망설였는지, 바우처가 구겨져 있고 이미 날짜가 지난 것을 가져오는 이들도 많다. 음식을 받아가는 이들의 인터뷰는 허용되지 않았다. 해리스는 "이미 상처받은 사람들"이라며 이용자 인터뷰 요청을 정중히 거절했다.

✖ 슈퍼마켓도 '계급화'

밥상의 빈부 격차는 급식소에서만 눈에 띄는 것이 아니었다. 테스코, 아스다, 세인즈버리스, 모리슨은 영국 슈퍼마켓 업계 '빅4'로 불린다. 하지만 몇 년 전부터 저가형 슈퍼마켓과 고급 마켓이 동시에 커지면서 빅4에 도전하고 있다. 슈퍼마켓도 양극화, 계급화되고 있다는 얘기다. 주민들은 '슈퍼마켓 봉지만 봐도 벌이 수준을 알 수 있다'고 했다.

이스트그린스테드의 저가 슈퍼마켓 '아이슬란드'에 들렀다. 30대 여성과 노부부 등이 쇼핑 카트를 끌고 있었다. 공교롭게도 손님의 대부분은 비만 상태였다. 흰 조명 아래 별다른 인테리어 없이 단조로운 매장에서 가장 먼저 발견한 음식은 냉동빵이었다. 가게 이름 그대로, 이곳의 주력 상품은 냉동식품이다. 버거용 패티, 인도계 이민자들의 주식인 치킨 티카 마살라, 감자 카레, 미트볼 파스타, 소시지, 슬라이스 햄, 치킨, 스파게티 면과 소스 등 모든 식품이 냉동고 안에 들어 있었다.

신선식품은 찾아볼 수 없었다. 얼리지 않은 것들도 통조림이나 레토르트 같은 즉석조리식품이 대부분이었다. 물건 값은 매우 싼 편이었다. 독일산 핫도그 7개가 든 통조림, 프랑스산 옥수수 198그램짜리 통조림 2개, 작은 소시지 30개, 슬라이스 햄 12개 모두 각각 1파운드(약 1800원)에 팔렸다.

1970년에 세워진 저가 슈퍼마켓 체인 아이슬란드는 2009년 호주계 슈퍼마켓 울워스 매장들을 인수, 사업을 확대했다. 지금은 영국 내 매장이 850개에 이르며 금융위기로 고생한 같은 이름의 나라 아이슬란드에도 체인점들을 냈다.

독일계 저가 슈퍼마켓 알디도 4년 전 이스트그린스테드에 매장을 냈다. 알디는 2014년 매출이 25퍼센트가량 증가할 정도로 폭발적인 성장 가도를 달리고 있다. 알디 매장은 평일 낮인데도 주차장의 빈자리를 찾기 어려웠다. 매장 안은 손님과 직원들로 어수선했고, 곳곳에 진열을 기다리는 물건 상자들이 발에 차였다. 매장 입구에는 대용량 콘플레이크와 감자칩이 진열되어 있었다.

이 상점에는 대용량 '벌크 상품'이 유독 많았다. 아이슬란드와의 차이라면 저렴함에도 불구하고 구색을 좀 갖췄다는 점이다. 410그램 스파게티 통조림이 16펜스(약 290원)에 불과할 정도로 쌌지만, 스페인산 체리 토마토와 복숭아, 모로코산 강낭콩 같은 채소·과일도 있었다. 유기농 식품은 보이지 않았지만 방목해서 키운 닭과 가둬 키운 일반 닭 중에서 소비자들이 선택할 수 있었다. 원산지 표기는 까다롭지 않은 듯했다. 토스트 빵과 으깬 콩, 여러 채소를 모아놓은 샐러드 볼 포장에는 영양성분 표시뿐이었고 원산지는 적혀 있지 않았다.

이스트그린스테드에서 기자가 머물렀던 곳은 60대 남성 조지의 집이었다. 은행에서 일하다가 은퇴하고 이곳에 정착한 그는 상당한 액수의 연금을 받기 때문에 중산층 마을인 이곳에서도 소득이 높은 편에 속했다. 그는 항상 알디에서 장을 본다. 조지는 첫날 저녁식사로 오븐에 구운 돼지고기, 삶은 감자와 당근, 시금치 무침을 준비했다. 다섯 명이 배불리 먹을 만큼의 돼지고기는 4파운드도 되지 않았다. 이튿날 아침은 '전통 잉글리시 브렉퍼스트'를 준비해줬다. 구운 토마토와 버섯, 베이컨, 달걀에 오렌지 주스, 떠 먹는 요구르트, 복숭아, 감이 곁들여졌다. 스페인산 복숭아는 달고 맛있었다. 한국 돈으로 1000원이면 알디에서 이런 복숭아 5개를 살 수 있다. 영국 슈퍼마켓의 과일과 채소 대부분은 남유럽이나 북아프리카에서 수입한 것들이다. 조지는 "알디가 영국에 처음 진출했을 때는 싸구려 이미지가 강했지만 점차 중산층도 찾고 있다"고 말했다. 여전히 체면 때문에 저가형 슈퍼마켓을 외면하는 이들도 적지 않지만, 불황이 오랜 시간 지속되면서 중산층이 점점 저가 식료품 시장으로 이동하고 있는 추세다.

이스트그린스테드에서 가장 큰 매장과 주차장을 보유한 곳은 중산층이 많이 찾는 세인즈버리스다. 수박, 레몬, 복숭아, 바나나, 멜론, 사과 등 색색의 과일들이 통로 양쪽을 차지하고 있었다. 과일·채소·고기 포장지에는 큼지막하게 유통기한, 생산 농민(농장), 원산지가 적혀 있었다. 고급 매장으로 갈수록 신선식품 비중이 커졌고, 손님이 많은 것만큼이나 제품의 가짓수도 많았다. 달걀만 해도 개수에 따라, 크기에 따라, 방목을 했는지, 유기농인지에 따라 20종이 넘었다. 유기농 밀가루 값은 일반 밀가루 값의 두 배가 넘었다. 멕시코산 바나나, 영국산 양고기와 닭고기에 붙은 SO 표시가 눈에 띄었다. '세인즈버리스 오가닉Sainsbury's Organic'의 약자로, 자체 유기농 인증 마크였다. 바나나에는 공정무역 마크가, 닭에는 방목 표시가 추가되어 있었다. 냉동 감자칩은 유전자 조작GM 가능성이 높은 옥수수기름 대신 해바라기유로 튀긴 제품이었다.

✖ 유기농이라는 '브랜드'

같은 날 방문한 웨이트로스 매장은 좀더 한적했다. 우연인지 몰라도, 쇼핑객들 중 비만인 사람은 한 명도 없었다. 고급화 전략을 내세운 곳답게 먹거리 값은 비쌌지만 종류는 다양했다. 저가 매장 알디에서는 일반 달걀을 6개들이 1팩에 1파운드에 파는데, 이곳에서는 방목

한 닭이 낳은 달걀 1팩을 2.4파운드에 팔았다. 사과만 해도 열 종류가 넘었다.

상품에는 철저히 '급'을 매겨놓았다. 상대적으로 싼 상품에는 '필수품essential'이라고 적혀 있었다. 유기농 식품이 흔했고, '동물 윤리'나 '채식주의자 적합' '공정 거래'라고 찍힌 식품도 있었다. 기계가 아닌 사람이 손질한 훈제 방목 돼지고기와 '필수품' 돼지고기는 가격이 50퍼센트가량 차이가 났다. 닭은 판매대의 맨 위부터 유기농, 방목, '필수품' 순으로 진열되어 있었다. 밀가루와 우유도 유기농과 필수품으로 구분되어 있었는데, 가격은 두 배 차이가 났다. 홈페이지에도 제품별 영양 정보를 공개한다는 사실을 홍보하고 있었다. 유명 요리사 제이미 올리버, 헤스턴 블루멘탈과 제휴한 반半 조리식품도 팔았다. 이탈리아, 프랑스, 인도, 중국, 일본, 태국, 베트남, 말레이시아 등 나라별 코너가 따로 있어 각국 음식과 향신료를 골라 살 수 있다.

이스트그린스테드에서 10분쯤 차로 달려 이스트서식스에 있는 '테이블허스트 팜Tablehurst Community Farm'을 찾았다. 농장은 큰 도로에서 산 쪽으로 조금 들어간 곳에 있는데, 지역 주민들이 '바이오다이내믹Biodynamic'(생체역학)이라는 특이한 농법으로 농작물을 키운다. 이 농법은 자연의 리듬과 조화를 중시해 파종이나 수확 시기를 태양, 달, 행성 등 천체 움직임에 맞춰 결정한다. 농작물에 음악을 들려주기도 한다. 농약과 화학비료를 사용하지 않는 것은 물론이다.

평일 낮 시간인데도 이 농장의 좁은 매장은 줄을 서서 계산해야 할 정도로 사람이 많았다. 그리스산 키위부터 꿀, 아몬드, 코코넛오일에 영국 동남부 켄트 주 세븐오스크에 위치한 '롬셰드 유기농 농장'에서 키우는 소와 돼지.

다 기르면서 즙을 내 먹을 수 있는 밀·보리·해바라기의 어린싹까지,
다른 곳에서 찾아보기 힘든 먹거리가 가득했다. 유기농 티백에는 '표
백하지 않았다'는 문구가 적혀 있었다. 매장 옆 카페에서 파는 차와 커
피도 유기농이다. 숲 바로 옆 테이블에서 여유롭게 차를 즐기는 노부
부와 맨발로 돌아다니는 젊은 여성은 자연과의 일체감을 느끼기 위해
일반 슈퍼마켓의 두 배가 넘는 값을 치를 가치가 있다고 믿는 듯했다.

1990년대 광우병 파동과 몇 해 전의 말고기 파동을 겪으면서 영국
인들의 먹거리에 대한 관심이 높아진 것은 사실이다. '내가 먹는 음식
이 어디서 온 것인가'에 대한 궁금증은 고급화를 내세운 슈퍼마켓의
성장과 유기농 열풍을 낳았다. 하지만 단순히 '먹거리의 질'에 대한 관
심을 넘어, 식품이 계급과 계층을 가르는 '브랜드'가 되고 있다는 점 또
한 분명한 듯했다. 웨이트로스가 회원용으로 내는 100쪽짜리 월간지
와 48쪽의 주간신문은 여행, 스포츠, 먹거리, 유명인을 소개하는 럭셔
리 잡지를 닮았다. 알디를 애용하는 조지는 "유기농은 결국 많은 돈을
남기려는 기업들의 마케팅"이라고 했는데, 그 말이 실감나지 않을 수
없었다.

런던에서 만난 한 30대 여성은 "돈이 없으면 싼 재료를 사 먹으면
된다. 슈퍼마켓의 서열이 매겨져 있기 때문에 오히려 본인의 선택권이
넓다"고 했다. 그러나 '안전 먹거리'를 사는 것이든, '고급 이미지'를 사
는 것이든, 당장 주린 배를 안고 푸드 뱅크로 향해야 하는 사람들은
이 '열풍'에 끼어들 자리가 없어 보였다.

세계 최초의 푸드 뱅크

푸드 뱅크는 1965년 미국 애리조나 피닉스에 살던 존 헹겔에 의해 시작됐다. 은퇴 후 밥을 굶는 이들에게 무료로 음식을 제공하던 수프 키친Soup Kitchen이라는 단체에서 자원봉사를 하던 존은 주민들에게 먹을 수 있는데도 버려지는 음식을 기부할 것을 권유했다. 존의 권유에 따라 주민들이 동참해 음식물 기부가 늘자 1967년 존은 몇몇 자원봉사자와 함께 성모 마리아 푸드 뱅크St. Mary's Food Bank를 설립했다. 존의 푸드 뱅크는 설립 첫해에 25만 파운드(약 113톤)가 넘는 음식물을 36개 지역 내 기관에 위탁·배분했고 점차 미국 전역으로 확대해갔다. 1975년부터 연방정부의 지원 하에 전국적인 연결망을 구축하면서 조직적인 운영 체계가 마련됐다. 한국에서는 1997년 외환위기 이후 서울 등 4개 지역에서 시범사업을 실시하면서 푸드 뱅크가 시작됐다.

미국에 푸드 뱅크를 처음 설립한 존 반 헹겔. 이후 푸드 뱅크는 전 세계적으로 퍼져나갔다.

'영국 국민 요리'가 된 치킨 티카 마살라

　닭고기와 카레 가루로 만드는 영국의 치킨 티카 마살라Chicken tikka masala
는 인도에서 유래했다. 1858년 영국이 인도를 지배하기 시작하면서 인
적·물적 교류가 증가했고 이에 따라 영국인들은 인도 요리에 익숙해졌다.
닭을 먹기 좋게 잘라 카레 가루를 넣은 요구르트, 크림소스 등에 재운 뒤
구워서 만든다. 치킨 티카는 닭고기 덩어리를, 마살라는 인도·파키스탄·
방글라데시·네팔 등 남아시아 요리에 사용되는 혼합 향신료를 뜻하는데
영국 등에는 카레 가루로 알려져 있다.

　치킨 티카 마살라는 인도 전통 카레의 강한 맛 대신 영국인의 입맛
에 맞게 달고 부드럽다. 영국인들이 좋아하는 외국 요리에서 늘 최상위권
을 차지한다. 특히 영국에서 다문화주의를 상징하는 의미로도 꼽히는데,
2001년 당시 영국 노동당 정부의 외무장관이었던 로빈 쿡은 "영국이 외
부의 영향을 어떻게 받아들이고 적응해나가는지를 보여주는 가장 완벽한
예"로 이 요리를 들며 "진정한 영국 국민 요리"라고 치켜세웠다. 이 연설은
'치킨 티카 마살라 연설'이라 불린다.

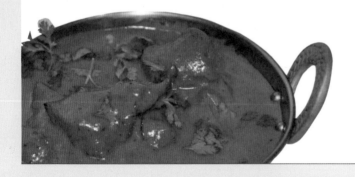

잉글리시 브렉퍼스트

잉글리시 브렉퍼스트는 영국인들이 전통적으로 아침에 먹는 식사로, 프랑스 등 유럽 대륙의 콘티넨탈 브렉퍼스트Continental breakfast와 구분된다. 구운 소시지나 베이컨, 토마토, 버섯, 달걀, 콩, 양파, 토스트 등에 홍차나 커피를 곁들인다. 블랙 푸딩Black pudding(피가 들어간 소시지), 버블 앤드 스퀴크Bubble and squeak(당근, 완두콩, 양배추 등 채소를 잘게 썰어 으깬 감자와 섞어 버터를 두른 팬에 부쳐 만드는 영국 음식), 해시 브라운(감자를 잘게 썬 뒤 버터를 두른 팬에 모양을 잡아 갈색으로 구운 음식) 등을 함께 먹기도 한다.

영국인들의 차茶 사랑은 유명한데, 아삼이나 실론 등으로 만든 홍차에 우유, 설탕을 섞어 아침에 마시는 차를 잉글리시 브렉퍼스트라 부르기도 한다. 반면 콘티넨탈 브렉퍼스트는 치즈, 고기, 시리얼, 과일, 빵에 요구르트, 커피, 차, 과일 주스 등을 곁들인다.

무슬림 난민에게는 '할랄' 급식

열차를 이용해 프랑스 남부나 이탈리아, 스위스 등지로 가려는 관광객들이 꼭 거치곤 하는 파리 리옹 역. 이 역에서 얼마 떨어지지 않은 곳에 센 강을 가로지르는 샤를 드골 다리가 있다. 2015년 6월 이 다리 밑 강변에는 그늘진 곳마다 수십 개의 텐트가 설치되어 있었다. 주로 북아프리카에서 건너온 난민 수백 명이 살고 있는 숙소다. 파리의 난민지원 단체가 설치한 텐트는 겉보기에는 깨끗한 듯했지만, 난민들이 화장실로 사용하는 다리 기둥 뒤편에서는 냄새가 몰려왔다. 옆 센 강변 선상 카페에서는 사람들이 여유롭게 늦은 오후를 즐기고 있었고, 주변에는 통유리로 된 고층 건물들이 우뚝 솟아 있었다.

이곳에서 만난 모하메드(32세)는 5년 전 수단에서 프랑스로 건너왔다. 수단은 북부 무슬림 주민들과 기독교·원시 종교를 믿는 남부 주민들의 갈등이 극심해 수십 년 동안 내전을 겪어왔다. 이 과정에서 200만 명 이상이 숨지고 400만 명이 넘는 난민이 발생했다. 결국 2011년 남수단이 독립해 두 개 나라로 분리됐지만, 경제 상황은 여전히 좋지 못하다.

모하메드는 프랑스어를 전혀 못 했다. 영어로만 기초적인 의사소통이 가능했다. 노동허가증은 발급받았지만 아직 일자리는 구하지 못했다. 그는 "낮에는 지원 단체에서 제공하는 곳으로 씻으러 가거나 그냥 (거리를) 돌아다닌다"면서 "(일자리가 많지 않은) 휴가철이 끝나는 9월부터 다시 일을 찾아보려 한다"고 말했다. 이들 대부분은 일자리를 찾지 못했다. 직장이 있는 사람들은 건축 현장에서 일하는 경우가 많다. 경찰이 종종 단속을 나오지만 함부로 내쫓지는 못한다. 이들을 지원하는 단체나 시민들의 반발 때문이다.

몇 걸음 떨어진 곳에 또 다른 텐트촌이 있었다. 의자에 앉아 있던 앙리(40세) 주변에 모기와 날파리들이 윙윙거리며 날아다녔다. 앙리도 넉 달 전 수단에서 이탈리아를 거쳐 프랑스로 왔다. 가족은 수단에 있다. 아직 일을 구하지 못했다는 그는 "말이 안 통하는데 어떻게 일을 찾겠느냐"고 반문했다. 그도 모하메드처럼 프랑스어가 아닌 영어만 할 줄 안다. 그런데도 앙리는 "(프랑스인들이 난민들에 대해) 덜 배타적이기 때문에 이곳에 계속 남아 있고 싶다"고 했다.

이들은 무얼 먹을까. 이곳을 찾아갔을 때는 라마단 기간이어서 대부분 이슬람교를 믿는 난민들은 밤에만 한 끼의 식사를 했다. 모하메드는 "지원 단체에서 밤 9시에 나와 햄, 샐러드, 치즈 등이 들어간 빵을 주면 밤 10시가 넘어 먹는다"고 했다. 감자나 스파게티 등의 간편식도 가끔씩 제공된다. 라마단 기간이 아닐 때는 오전 10시와 오후 8시 하루 두 차례 급식이 나온다. 무슬림들이 금기시하는 돼지고기는 나오지 않고, 모든 음식은 이슬람 율법 하에서 허용된 '할랄 식품'이다. 앙리는 "지원 단체 회원 중에 무슬림이 있어서 음식도 배려해준다"면서 "제공되는 음식에 대체로 만족한다"고 말했다.

7

육식의
종말?

인도 구르가온
2015
06.09-16

미국의 초원에서 버펄로가 사라지고 식육용 소들이 그 자리를 채운 뒤로 세계는 '쇠고기의 홍수' 속에 살고 있다. 고기를 많이 얻기 위해 소에게 성장호르몬을 투입하고, 항생제에 동물성 사료까지 먹여 광우병 파동이 일어났다. 몇 해 전 유럽에서는 말고기를 쇠고기로 속여 만든 햄버거용 '말고기 패티'가 들통 나 난리가 났다. 소득이 늘고 쇠고기 소비가 증가한 중국에서는 2014년 유통기한이 지난 쇠고기를 쓴 다국적 패스트푸드 체인들이 줄줄이 적발됐다. 닭은 미국인들이 좋아하는 가슴살을 공급하기 위한 '살코기 기계'가 되어버렸다. 식용 닭의 근육 분포를 조작해 '스모 선수 체형'으로 만든 닭들이 밀집사육시설이라 불리는 양계장에서 대량 생산된다. 프랑스의 '미식'은 옛말이고, 소금에 절인 돼지고기 다리를 잘라 모양 틀에 넣어서 '성형'한 인조 햄들이 슈퍼마켓에 깔린다.

세계의 밥상을 고기가 지배한 지 오래다. 신흥 경제국들이 성장하면서 고기의

샐리쉬 젠 가족의 저녁식사.

수요는 갈수록 늘고 있다. 하지만 식육 생산 시스템의 부작용에 대한 반발로 채식을 고민하는 이들도 함께 늘어나고 있다. 인도의 채식주의 가정을 방문해서 그들은 실제로 무엇을 먹는지 들여다봤다.

✖️ "베지, 논베지?" 인도에서 채식은 흔한 선택

인도에는 채식주의자가 많다. 인구의 3분의 1이 채식을 한다는 통계도 있다. 뉴델리 아래에 있는 구르가온은 신흥 도시다. 마천루가 들어

파키스탄

● 뉴델리
구르가온

네팔

부탄

방글라데시

인도

벵골 만

서고 도로 공사가 한창이다. 외국 자본과 다국적 기업들이 집중된 세
계화의 현장이기도 하다. 맥도널드, 피자헛, KFC의 간판이 곳곳에 보
인다. 이들 매장에서도 고기로 만든 음식을 팔지만, 한 가지 눈길을 끄
는 것은 모든 매장에 채식 메뉴가 따로 있다는 점이다. 직원들은 주문
대에 선 손님에게 먼저 "베지Veg(채식)냐, 논베지Non Veg(비채식)냐"고 묻
는다. 상당수가 '베지'라고 답하며 고기 대신 감자와 양파 등이 들어간
버거나 피자를 받아든다. 인도에서 채식은 특별한 게 아니라 아무 데
서나 쉽게 접할 수 있는 식단의 일부였다.

　인도의 한국무역투자진흥공사KOTRA 뉴델리무역관에서 일하는 샐리쉬 젠(47세)은 채식주의자다. 아내와 두 딸, 칠순이 넘은 어머니도 그렇다. 2015년 6월 이 가정을 찾았다. 오랫동안 채식을 해온 사람들이 고기를 거부하는 이유와 육식에 대한 생각을 알고 싶었기 때문이다. 샐리쉬 가족은 대부분의 인도인이 그렇듯 종교적인 이유로 채식을 한다. 이들은 기원전 9세기 이전에 생겨난 것으로 추정되는 자이나교도다.

샐리쉬는 집으로 가는 차 안에서 자이나 교도의 5대 원칙을 먼저 설명했다. 첫째 비폭력주의, 둘째 거짓말하지 않기, 셋째 도둑질하지 않기, 넷째 욕심 없이 검소하게 지내기, 다섯째 순결 유지하기다. 그는

샐리쉬 젠(오른쪽 위)이 아내와 어머니가 만든 저녁 식사를 두 딸과 함께하고 있다. 채식을 하지만 칠순이 넘은 어머니를 제외하고는 모두 체구가 큰 편이다.

"우리는 모기 같은 해충조차 죽이지 않을 정도로 생명을 중시한다"고 강조했다. 자이나교의 스승들은 행여 길을 가다가 벌레를 밟는 일이 없도록 빗자루로 길을 쓸면서 걷는 것으로 유명하다. 그는 "나 역시 지금껏 한 번도 폭력을 쓴 적이 없다"며 "아이들에게도 말로 훈계할 뿐 욕을 하거나 손찌검을 한 적이 없다"고 말했다.

자이나교의 문양이 걸린 현관을 지나 거실로 들어갔다. 어두운 조명의 거실은 한눈에 봐도 검소했다. 가구는 단출했고 벽에 걸린 그림 몇 개가 장식의 전부였다. 2층에 있는 딸들의 방도 아주 심플했다. 다섯 식구 모두 우유와 치즈는 먹었지만 고기는 물론 생선, 계란도 입에 대지 않았다. 샐리쉬는 "우유와 치즈는 소의 부산물이지만 계란은 생명 자체다. 어떻게 먹을 수 있겠느냐"고 반문했다. 식구 모두 "고기는 먹어본 적이 없고 먹고 싶었던 적도 없으며 먹어보라고 권한 사람도 없었다"고 했다.

아내 가리마(44세)와 어머니 스네티라타(73세)가 정성스레 만든 음식을 식탁에 차렸다. 물론 모두 채식이었다. 함께 자리한 샐리쉬의 동료 자야 자야르는 "인도 음식에는 채소 요리 1개, 콩 요리 1개가 기본으로 나온다"고 설명했다. 이날의 식탁이 딱 그랬다. 아욱과의 채소인 오크라로 만든 '빈디Bindi'가 한복판에 놓였다. 오크라는 끝이 뾰족해 '여성의 손가락ladies' finger'이라고도 불리는데, 비타민과 아연, 철분, 칼슘 등 미네랄이 풍부하다.

구르가온 맥도널드 매장의 채식 버거. 직원들은 주문대에 선 손님에게 먼저 "베지냐, 논베지냐"고 묻는다. 토마토 등 채소로만 만든 버거의 가격은 우리 돈으로 약 990원이다.

🍴 인도 중산층 '자이나교' 가정의 채식 밥상

인도식 콩요리는 '달dhal'이라고 통칭된다. 샐리쉬 가정이 내놓은 것은 '달 마카니dal makhani'다. 껍질 벗긴 렌틸콩에 양념을 넣고 끓인 것으로 여기에 빵을 찍어 먹거나 밥에 비벼 먹는다. 단백질 함량이 풍부하면서도 소박한 음식이다. 인도인들의 주식은 밥과 빵이다. 이날 테이블에도 여러 종류의 빵이 올랐다.

하나는 한국에서도 흔히 접할 수 있는 '난'이다. 밀가루 반죽을 발효시킨 뒤 종이처럼 얇게 밀어 구운 빵이다. 인도인들이 즐겨 먹는 또 다른 밀가루 빵 차파티는 발효 없이 구웠다는 게 난과 다른 점이다. 거기에 '샤히 투크다shahi tukda'라는 빵을 특별히 내놓았다. 밀가루 반죽을 우유에서 나온 '기Ghee'라는 버터로 구운 것이다. 샤히 투크다는 '왕족이 먹는 것'이라는 뜻으로, 귀한 손님에게 대접하는 음식이라고 했다.

빵도 기름진데 거기에 우유와 치즈까지 더해졌다. '파니르'라는 치즈 덩어리를 잘게 빻은 토마토, 양배추 등에 넣은 것이다. 기름에 튀긴 렌틸콩 가루 경단에 요구르트를 부어 만든 '다히 바다dahi vada'도 나왔다. 인도 요리 특유의 향은 강하지 않았지만 한국 사람 입맛에는 좀 느끼한 듯했다.

다이어트를 위해 육식을 피하는 사람이 많지만, 샐리쉬 집안 사람들은 뜻밖에도 모두 몸집이 컸다. 설탕과 유제품을 많이 먹기 때문으로 보인다. 큰딸 묵다(21세)와 작은딸 리야(18세)는 "버거, 피자, 탄산음료도 좋아한다"고 말했다. 대학생인 묵다는 "최근에는 기름, 설탕, 향신료를 적게 먹는다"고 덧붙였다.

샐리쉬 가족은 신체활동을 많이 하지 않는다. 정원 관리와 세차, 빨래 같은 일을 하는 하인 다섯 명을 쓰고 있다. 카스트 제도가 남아 있는 인도에서 높은 계급의 사람들은 허드렛일을 꺼린다. 계급이 낮은 사람들이 하는 일을 하면 자신들의 신분도 낮아진다고 여기기 때문이다. 코트라 무역관 자료에 따르면 2010년 기준으로 인도 도시 인구 중 40퍼센트가 과체중이거나 비만이다. 도시 여성들은 다소 뚱뚱한 반

샐리쉬 젠의 아내 가리마.

면 시골 여성들은 대체로 많이 마른 편이다. 패스트푸드 매장이 도시에 집중된 데다 상대적으로 가난한 시골 여자들은 농사일을 많이 하기 때문이다.

샐리쉬네 식탁 한쪽에는 작은 접시에 담긴 '처트니Chutney'라는 반찬이 몇 개 있었다. 망고, 양파, 레몬 따위로 만든 피클인데 메인 요리의 달고 느끼한 맛을 상쇄하기 위해 조금씩 먹는다.

신도시의 중산층 집이지만 인도 대부분의 지역이 그렇듯 상수도는 없었다. 그래서 집에 정수기를 두고, 지역 공동 물탱크에서 내려온 물을 정수해서 마시거나 생수를 사다 마신다. 식재료는 거의 동네 시장에서 사왔다. 곡식과 향신료는 30년 단골 가게에서 사온단다. 전업주부인 가리마는 "채소는 월요일마다 들어서는 채소시장에서 산다"며 다섯 식구의 한 달 식비가 1만5000루피(약 26만7000원) 정도이고 그중 절반이 채소 구입 비용이라고 했다.

고기를 안 먹어도 건강 상태는 다들 좋아 보였다. "보험이 없어서 정기적으로 건강검진을 받진 못하지만 아픈 데도 없고 당뇨도 없다"고 했다. 샐리쉬의 어머니 스네티라타는 "고기 먹는 친구들은 나보다 건강하지 못하다"며 웃었다.

샐리쉬는 나름의 채식 예찬론을 펼쳤다. 그는 "과학적인 근거가 있는지 몰라도, 채식을 하면 난폭성이 줄어들고 머리가 맑아진다고 믿는다"며 "채식을 해보면 새로 태어난 느낌을 받을 것"이라고 말했다. 두 딸도 '음식 외도'를 전혀 생각하지 않는다. 고등학생인 리야는 "고기를 먹는 사람과 함께 밥을 먹는 게 싫지는 않지만, 함께 고기를 먹고 싶은

보기 드문 야간 고기시장. 한 상인이 그 자리에서 산 닭을 잡아 부위를 나누고 있다.

마음은 전혀 들지 않는다"고 했다.

　육식을 하는 인도인들은 주로 닭고기와 양고기를 먹는다. 돼지고기 요리는 거의 찾아볼 수 없었고, 쇠고기 대신 물소(버펄로)고기로 만든 음식을 간혹 볼 수 있었다. 잘 알려진 대로 힌두교도들은 소를 숭배한다. 소가 길을 건널 때면 차를 멈추고 경적도 울리지 않은 채 소가 지나가기를 묵묵히 기다린다. 대형 마트에서도 고기는 좀처럼 눈에 띄지 않았다. 동네 시장에서도 닭고기가 들어간 밥이나 국수를 파는 곳은 있었지만 고기 요리를 파는 곳은 찾기 힘들었다. 운 좋게 늦은 밤에 허름한 골목의 야간 고기시장을 볼 수 있었다. 어른 종아리만 한 크

튀긴 닭과 생선을 파는 가게. 운 좋게 이런 고기시장을 볼 수 있었는데, 고기는 주로 닭고기와 양고기다.

기의 생선과 살아 있는 닭이 있었다. 상인들은 그 자리에서 닭을 잡아 내장과 고기를 나눴고 생선의 배를 갈라 팔았다. 큰 칼은 서슬이 퍼렇고 길바닥에는 핏물이 흥건했다.

시장 한쪽에 생선과 닭을 튀겨 파는 상점이 있었다. 먼저 생선과 닭을 약간 튀겨놓았다가 손님이 오면 다시 한번 튀겨내는데, 위생은 확신할 수 없었다. 가이드 타라찬드는 "인도에는 물이 오염된 곳이 많아 생선도 더럽다고 생각하는 사람이 많다"고 귀띔했다.

✂ 지역마다 다른 인도의 음식, 나라 크기만큼 다양

　인도는 하나의 국가라기보다는 수많은 다양성이 존재하는 대륙으로
보는 편이 더 나을 듯싶었다. 헤아릴 수 없이 많은 언어, 인종, 종교,
계급, 문화, 기후, 정치 성향 등이 한데 섞여 '모두의 인도'를 이루고 있
는 셈이다. 음식도 마찬가지다. 나렌드라 모디 총리가 태어난 구자라트
주는 2015년 초 쇠고기와 주류 판매를 법적으로 금지했다. 경제도시
뭄바이가 있고 무슬림이 많은 마하라슈트라 주도 상황은 비슷하다. 29
개 주 가운데 24개 주에서 소 도축 및 판매가 법으로 규제되고 있다.
모디 총리는 힌두민족주의 성향의 인도국민당BJP 소속이며, 인도 인구
중 80퍼센트가 힌두교도다. 하지만 쇠고기 도축·판매 금지는 힌두교
도가 아닌 이들을 무시한 것이라는 지적도 나온다.

　북부 지역은 오랜 기간 이슬람의 영향을 받았다. 그래서 돼지고기를
제외한 육류가 다양하게 쓰이며, 향신료를 넣어 끓이거나 튀긴 음식
이 많다. 반면 정통파 힌두교도가 많이 분포하는 중남부 지역 주민들
은 채식을 주로 한다. 중남부에서는 기후가 고온다습해 쌀과 콩, 과일
을 많이 재배한다. 인도는 태국에 이어 세계에서 두 번째로 쌀을 많
이 수출하는 국가다. 서쪽의 서벵골 주는 바다와 접해 있어 생선을
많이 먹는다. 서벵골보다 더 동쪽에 있는 8개 주는 거의 모든 음식을
먹는다.

　인도는 세계적인 농축산물 수출국이다. 땅은 세계에서 일곱 번째로
넓고, 다모작을 할 수 있는 기후에 토지도 기름지다. 이 나라가 쇠고기

를 거의 먹지 않는다는 것은 지구에 엄청난 축복인 셈이다. 세계적으로 육류 소비가 늘면서 생겨나는 부작용은 한두 가지가 아니다. 비만과 혈관질환, 당뇨 등 건강 문제만이 아니다. 가축의 방뇨로 수질이 오염되고, 소의 트림에서 나오는 메탄가스가 일으키는 온실효과도 엄청나다. 소에게 곡물 9킬로그램을 먹여 얻을 수 있는 고기의 양은 450그램에 불과하다. 학자들은 이를 가축의 '단백질 전환율'이라고 부르는데, 소의 단백질 전환율은 돼지의 절반, 닭의 3분의 1에 불과하다.

미국인들은 1인당 연간 98킬로그램의 육류를 먹는다. 미국 지구정책연구소에 따르면 세계인들이 모두 미국인처럼 고기를 먹을 경우 지금의 곡물 생산량으로는 26억 명만 부양할 수 있다. 반면 세계가 인도인들의 수준(1인당 연간 5.4킬로그램 정도)으로 고기를 먹는다면 95억 명 정도를 먹여 살릴 수 있다.

인도인들은 재배한 곡물의 90퍼센트를 식재료로 쓰지만, 지구상에서 재배되는 곡물 상당량은 소 사료로 쓰인다. 브라질 아마존 숲도 소 사료용 콩 재배지에 밀려 사라지고 있다. 특히 중국이 1990년대 중반 사료용 콩 수입을 시작하면서 아르헨티나와 브라질에는 '콩 골드러시'가 일어났다. 공장에서 찍어내듯 고기를 생산하는 '육류 공장'의 무자비한 사육과 도축 방식, 대량 생산을 위해 첨가·변형하는 사료, 부자나라의 사료 공급처로 전락한 빈국의 식량 부족, 농경지 사막화 등 지나친 육식으로 인한 문제점은 이루 나열할 수 없을 정도다.

경제협력개발기구OECD의 2014년 조사에 따르면 세계에서 쇠고기를 가장 많이 먹는 나라는 아르헨티나(1인당 41.6킬로그램)였고 이어 우루

인도 마트에는 육류보다는 채소와 과일
류가 주로 진열되어 있다.

과이(37.9킬로그램), 브라질(27.0킬로그램) 순이었다. 돼지고기는 중국(32.0킬로그램), 유럽연합(30.9킬로그램), 베트남(28.9킬로그램)에서 많이 먹는다. 가금류의 대표적인 소비국은 이스라엘(63.0킬로그램)과 미국(44.5킬로그램)이다. 한국은 돼지고기(24.4킬로그램), 가금류(15.4킬로그램), 쇠고기(11.6킬로그램) 순으로 조사됐다. 돼지고기를 제외하고는 OECD 평균치보다 적게 먹는 셈이다.

경제학자 제러미 리프킨은 저서 『육식의 종말Beyond beef』에서 "지구상에 존재하는 12억8000만 마리 소들이 세계 토지의 24퍼센트를 차지하며 지구에서 생산된 곡물의 3분의 1을 소비한다"며 "인간이 소를 먹는 게 아니라 소가 인간을 먹어치우고 있는 셈"이라고 적었다. 그는 "축산단지는 생태계를 파괴하고 경작지를 사막화한다"며 "육식을 끊는 행위는 모든 대륙의 자연을 회복시키는 생태적 르네상스의 시발점"이라고 덧붙였다.

아열대식물 오크라, 한국에서도 재배된다

아욱과 채소인 오크라는 이집트 등 아프리카 동북부가 원산지다. 뮤신 (점성이 강한 당단백질) 성분이 많아 콜레스테롤 수치를 낮추는 데 도움이 된다.

오크라는 성장이 빨라 기후가 맞을 경우 두 달 정도면 다 자란다. 각종 비타민과 아연, 철분, 칼슘, 인, 칼륨 등 다양한 미네랄이 풍부하다. 오크라에 함유된 풍부한 지용성 비타민이 체내에 잘 흡수되도록 올리브유와 함께 먹으면 궁합이 맞는다. 고온에 잘 견디지만 서리에는 약하다. 그래서 따뜻한 지역에서 여름 채소로 재배된다. 열대지방에서는 다년생(여러해살이)도 가능하다. 발아 온도는 20도 이상이며 생육하기 적당한 온도는 25~35도다.

기후변화에 따라 전 세계 농업 지도가 바뀌면서 우리나라에서도 오크라가 재배되고 있다. 충남도농업기술원은 2013년부터 오크라 등 아열대 채소 12종에 대해 지역 환경 적응성 등을 평가한 뒤 농가에 보급하고 있다. 해남 등 일부 남부 지역에서는 오크라를 재배해 수입을 올리는 농가도 있다. 파프리카, 양파, 고추 등과 함께 피클로 만들어 먹거나 고추 튀김처럼 튀김가루를 발라 기름에 튀기기도 한다.

인도식 소스 처트니

처트니는 과일이나 채소에 향신료를 넣어 진한 소스 형태로 만든 것이다. 음식을 찍어 먹거나 음식에 발라 먹는다. 채소를 굵게 썰어 피클처럼 먹기도 하고 양념으로도 사용된다. 단맛이나 짠맛이 주를 이루며 재료에 따라 무척 다양한 맛을 낼 수 있다.

어떤 재료로도 만들 수 있지만 그린 망고, 바나나, 복숭아, 사과, 살구, 그린 토마토 등 덜 익어 살이 단단한 과일이나 말린 과일이 주로 사용된다. 마늘, 양파, 생강, 커민, 겨자 씨, 아사퍼티다asafoetida, 계피, 정향, 육두구, 올스파이스, 고수, 민트 등 다양한 향신료도 들어간다.

망고 처트니를 만들기 위해서는 잘 익은 망고를 골라 살을 저며둔다. 기름에 다진 생강, 마늘, 고추, 통후추, 고수 씨, 겨자 씨 등을 볶아 향이 우러나면 망고와 소금, 설탕, 라임즙 또는 식초를 넣고 낮은 불에서 조린다. 망고가 푹 익으면 불을 끈다. 나무 주걱으로 망고를 으깨거나 믹서에 넣고 곱게 간다. 코코넛 처트니는 갈아놓은 코코넛, 볶아놓은 우라드 달urad dal(검은 렌틸콩을 껍질 벗겨 반 가른 것), 그린 칠리, 고수 잎, 타마린드, 생강, 소금을 넣고 물을 조금씩 넣어가며 곱게 갈아준다. 기름을 두른 팬에 겨자 씨, 커민 씨, 말린 레드 칠리, 우라드 달, 약간의 아사퍼티다를 넣고 볶은 후 갈아놓은 처트니에 부어 섞어준다.

7 육식의 종말?

고수와 민트 잎을 섞어 만든 게 그런 처트니다. 고수 잎만 갈아 만든 실란트로Cilantro(고수) 처트니, 기름에 볶은 양파와 고추에 차웅크Chaunk(기름에 향신료를 볶아 만든 페이스트)를 넣고 갈아 만든 양파 처트니도 있다. 토마토 처트니는 토마토에 향신료, 식초, 설탕을 넣고 졸여 만든다.

처트니는 산도가 높아 냉장고에 보관하면 꽤 오랫동안 먹을 수 있다. 특히 산이나 식초를 넣고 오래 끓이기 때문에 철이나 구리로 된 냄비에 나무 주걱, 플라스틱 주걱을 이용해야 한다. "핥다"라는 의미의 힌두어 차트니chatni가 영국으로 전해지면서 처트니로 바뀌었다.

소가 사람을 먹었다? 쇠고기 때문에 벌어진 살인

　2015년 9월 28일. 인도 수도 뉴델리에서 약 45킬로미터 떨어진 비사라에 사는 이슬람교도 무함마드 이클라크(당시 52세)는 동네 힌두교 주민 100여 명으로부터 몰매를 맞아 숨졌다. 이클라크가 살해된 것은 그가 쇠고기를 먹었고, 그의 집에 쇠고기 6킬로그램이 있다는 소문 때문이었다. 그러나 그의 집에서 발견된 것은 양고기였다.

　인도는 12억 인구 중 힌두교도가 80퍼센트다. 힌두교도는 소를 신성시해 도살하지도 않고 먹지도 않는다. 길을 가다 소를 만나면 차도, 사람도 소가 지나갈 때까지 기다린다. "인도에서는 소로 태어나는 게 여자로 태어나는 것보다 안전하다"는 말까지 있을 정도다.

　인구의 15퍼센트인 무슬림은 돼지고기를 먹지 않고 쇠고기를 먹는다. 소 도축과 판매를 업으로 하는 사람도 거의 무슬림이다.

힌두민족주의에 기반을 둔 나렌드라 모디 총리와 인도국민당은 2014년 집권한 뒤 소의 도축과 소비를 금지하는 법을 강력하게 시행했다. 2015년 3월에는 1억 명 이상이 사는 인도 최대 도시 뭄바이가 있는 마하라슈트라주에서 소를 도축하고 판매하는 게 법으로 금지되었다.

쇠고기 금지 조치로 힌두교도와 무슬림 사이의 갈등은 더욱 심해졌다. 무슬림들은 갑자기 집에 불이 나거나 누군가 돌을 던지는 일을 견뎌야 했다. 소 도축업을 하거나 쇠고기를 판매하는 무슬림들은 공격 대상 1순위다. 아랍권 위성방송 알자지라는 "모디가 총리가 된 2014년 5월부터 2015년 8월까지만 힌두교도가 아닌 소수 종교인들에게 600여 차례의 물리적 공격이 자행되었다"고 전했다. 145건은 기독교인들을, 나머지는 무슬림을 겨냥한 것이었다.

이클라크 살해 사건에서는 용의자들을 옹호하고 살해를 정당화하는 여당 정치인들의 발언으로 파문이 더 확산됐다. 상원의원 타룬 비제이는 "단순히 추측에 의거해 사람에게 폭력을 행사하는 것은 잘못됐다"고 말했다. 마치 확실한 근거가 있다면 폭력을 가해도 괜찮다는 듯한 뉘앙스여서 비판을 받았다. 마레스 샤르마 문화부 장관은 "우연한 사고"라고 폄하했으며 지역 정치인들은 "용의자들이 처벌받으면 힌두교도들이 앙갚음을 할 것"이라고 떠들었다. 경찰이 체포한 용의자 11명 중 8명이 집권당 소속 고위층의 아들과 조카들이었다. 영국 BBC 방송은 "주 정부도 유족에게 위로금을 주려고 하는 등 돈으로 사건을 덮으려 했다"고 보도했다.

대학생을 중심으로 뉴델리 곳곳에서 강력한 처벌을 요구하는 시위가 벌어졌다. 이들은 "소 때문에 사람을 죽여서는 안 된다"고 외치며 사람을 먹고 입에 피를 흘리는 소 그림을 들고 나왔다. 트위터 등에는 "나는 소를 먹는 사람이다"라는 문구와 쇠고기 요리법도 등장했다. "내 소를 죽이는 사람, 나도 죽이겠다. 인도에 살려면 여기에 익숙해져야 한다"는 역설적인 문구도 눈에 띄었다.

정작 인도는 소를 팔아 사는 나라다. 『월스트리트 저널』은 2014년 인도가 쇠고기 208만2000톤을 수출해 세계 1위의 소 수출국이 되었다고 전했다. 인도가 수출하는 소는 버펄로(물소)다. 물소는 신성한 소가 아니라고 여기기 때문에 도축하고 판매하는 것이다. 2014년 소 수출액은 48억 달러(5조5700억 원)에 달했다.

8

도쿄 주부와 베이징 주부의 고민

일본 도쿄와 히로시마
그리고 중국 베이징
2015
07.01-04

2015년 7월 오후 일본 도쿄 스기나미
杉並 구의 한 슈퍼마켓. 식품 매장에 있는
농수산물 가운데 후쿠시마산을 찾기는
쉽지 않았다. 산지가 '후쿠시마 현'으로
표기된 것은 복숭아와 에다마메えだまめ, 枝豆
(줄기째 자른 풋콩) 등 두 가지뿐이었다.
수산물은 아예 없었다.

40대 주부가 후쿠시마 복숭아를 들었
다 놨다 하며 한참을 고민하고 있었다.
3개에 499엔(약 4800원)으로 비교적 싼
편이었지만, 주부는 결국 복숭아를 내려
놓았다. "값을 생각하면 사고 싶은데 후
쿠시마에서 생산됐다는 것 때문에 결국
사지 않았다"면서 "후쿠시마 농수산물
도 안심하고 먹을 수 있다는 정부 발표를
믿고 싶지만 꺼려지는 것이 솔직한 심정"
이라고 말했다. 30대 공무원은 "구내식
당에서는 후쿠시마 쌀 등이 식재료로 쓰
이지만, 집에서는 아이들 건강을 생각해
가능한 한 먹지 않는다"고 말했다.

2011년 3월 11일의 동일본대지진과
후쿠시마 원전 사고는 일본인들, 특히 수

베이징 ● 중국 대한민국 동해 히로시마 ● 일본 도쿄 ●

도 도쿄 주민들의 식탁에 큰 영향을 미쳤다. 사고가 일어난 지 4년 반이 흘렀지만 후쿠시마에서 나온 식재료들에 대한 불안감은 가시지 않았다.

✕ 원전 사고 뒤 "아직은 불안"

원전 사고는 정부에 대한 불신뿐 아니라, 먼 곳에서 재배해 가져오는 먹거리에 대한 근본적인 의문을 부추겼다. 원전 사고 뒤 도쿄에서

원전 사고가 난 후 도쿄에서 텃밭을 가꾸는 이들이 크게 증가했다. 정부에 대한 믿음이 없을 뿐만 아니라 원거리로 오송되는 먹거리 자체에 대한 의문이 크게 늘어났기 때문이다.

도쿄 스기나미 구의 슈퍼마켓에 진열된 채소와 야채. 주부들은 후쿠시마 주변에서 나는 작물들을 구입하는 것을 꺼리다가 이제는 정부 발표를 보고, 혹은 그 지역 농민들을 돕는다는 심정으로 이곳에서 출하되는 것들을 사다 먹곤 한다.

는 텃밭이 크게 늘었다.

스기나미 구 주택가의 공터는 오이·토마토·가지·파 따위를 키우는 사람들로 붐볐다. 여기서 채소를 키우는 60대 남성은 "가장 안전한 식재료는 내가 직접 키운 것이 아니겠느냐"고 했다.

도쿄 분쿄文京 구의 한 아파트. 저녁식사를 준비하는 주부 시라니타 다마오白仁田玉緒(45세)의 가장 큰 즐거움은 가족에게 맛있는 밥을 해 먹이는 것이다. 그런데 원전 사고 뒤 방사성 물질에 오염된 먹거리에 대한 걱정이 늘 마음속에 자리잡고 있다. "처음에는 채소나 과일도 후쿠시마 주변에서 나온 것은 피했어요. 하지만 농산물을 먹어도 된다는 정부 발표를 믿고 지금은 먹고 있어요."

그 지역 농민들을 도와야겠다는 생각에 시라니타는 오히려 후쿠시마와 그 주변에서 생산된 농산물을 적극적으로 사 먹는다. 하지만 그 지역 수산물은 여전히 먹지 않는다. "아직은 100퍼센트 믿음이 가지 않으니까요. 한창 자라나는 아이들 건강을 생각하지 않을 수 없잖아요." 왜 믿음이 가지 않느냐는 질문에 그는 "그냥"이라며 설명을 피했지만, 원전의 방사능 오염수가 바다로 흘러들어가는 사고가 수시로 일어나면서 불안감이 커졌음을 알 수 있었다.

시라니타 가족의 저녁 식탁은 소박했다. 직접 만든 닭튀김은 늘 인기가 높다. 간장·마늘·후추를 섞은 전분을 얇게 발라 튀겨낸 이 요리를 남편 요스케祥介(41세)는 물론 초등학교 5학년인 딸과 2학년인 아들 모두 좋아한다. 아이들의 젓가락은 아무래도 샐러드보다는 닭튀김 쪽으로 자주 갔다.

딸 나오菜緒(10세)를 향해 시라니타가 잔소리를 늘어났다. "아이들이 자꾸 육식만 하려고 해서요. 가족들이 되도록 채소를 많이 먹게 하려고 애쓰고 있어요."

식탁에는 양상추, 토마토, 당근, 브로콜리, 감자와 참치, 마요네즈를 섞은 샐러드가 커다란 유리그릇에 가득 담겨 있다. 당면과 비슷한 밀가루 재료 '하루사메'로 만든 '하루마키春卷'에도 양배추, 버섯, 당근, 양파, 피망이 잔뜩 들어 있다. 감자, 옥수수, 가지, 오이를 비롯한 채소는 주로 지바千葉 현에서 친정아버지가 재배한 것을, 쌀은 친구 아버지가 키운 것을 구해다 먹는다.

일본에서 밥상의 고민 중 하나는 '세대 간 소통'이다. 일본인들은 세

지구의 밥상

도쿄 분쿄 구에 사는 시라니타 다마오(왼쪽
에서 두 번째)가 가족들과 함께 식사를 하고
있다. 후쿠시마 원전 사고가 일어나고 4년 반
이 지났지만 시라니타는 "100퍼센트 믿음이
가지 않는다"며 여전히 후쿠시마 주변에서
잡힌 수산물은 사지 않는다.

계적인 미식가로 꼽히지만 일본의 밥상은 이미 서구식으로 변한 지 오래다. 요스케는 "식문화가 서양식으로 변하고 있다"면서 "고기 중심의 서양식을 어쩔 수 없이 따라가고 있지만, 그래도 채소를 중시한 전통식을 유지하고자 노력한다"고 말했다.

✖ 피자 굽는 할아버지

메뉴가 바뀌는 것뿐 아니라, 고령화가 진행되면서 할아버지·할머니의 밥상과 아이들이 좋아하는 서양식 식탁의 차이는 커져만 간다. 7월 1일 히로시마廣島 현 히가시히로시마東廣島의 시골 마을을 찾았다. 점심때가 다가오자, 우메모토 아키라梅本亨(74세)의 집에 지인들이 몰려들었다. 우메모토는 부인 마사코政子(73세)와 함께 안마당의 야외 식탁 앞에 반으로 쪼갠 10미터 길이의 대나무통 수로를 설치했다. 30미터 지하에서 끌어올린 차가운 우물물을 흘려보내면서 그 위로 미리 삶아놓은 소면을 조금씩 실어 보냈다.

"자리에 앉아서 흘러가는 소면을 집어 양념에 찍어서 드시면 돼요." 일본의 여름철 별미인 '나가시流し 소면' 먹기가 시작된 것이다. 대나무통 수로 옆에서 젓가락을 든 사람들이 물줄기와 함께 흘러가는 소면을 걷어올려 먹기 시작했다.

우메모토는 이날 텃밭에서 따온 채소로 만든 샐러드와 소면을 내놓았다. 그는 "모두 농약과 비료를 쓰지 않고 재배한 것"이라고 말했다.

히로시마 현 히가시히로시마의 농촌 마을에 사는 우메모토 아키라(사진 앞)가 가족, 지인들과 나가시 소면을 먹고 있다. 대나무관에 흐르는 찬 지하수에 실려오는 소면을 젓가락으로 건어올려 양념에 찍어 먹는 맛이 일품이다. 젊은이들이 떠난 농촌에는 1인, 2인 가족이 대부분이다. 우메모토는 "이웃과 어울릴 기회를 만드는 것이 무엇보다 중요하다"고 말했다.

우메모토 아키라의 가족. 여기 쓰인
채소는 농약과 비료를 주지 않고 모두
직접 재배한 것이다.

우메모토가 딸과 함께 손주들을 위해
화덕에 피자를 굽는 모습이다. 이들에
게 '세대 간 소통'은 음식에 있어 중요
한 화두다.

우메모토 아키라의 밥상에 오른 음식과 채소.

우메모토가 사는 곳은 소문난 장수촌이지만 이제는 주민 대부분이 1인 또는 2인 가족이다. 우메모토 부부는 "이렇게 이웃과 어울릴 기회를 만드는 것이 무엇보다 중요하다고 생각한다"고 말했다.

우메모토가 또 하나 정성을 기울이는 것은 '여러 세대가 어울리는 식탁'을 만드는 것이다. 이날 차로 30분 거리에 있는 히로시마에 사는 딸 우에다 아키코植田明子(48세)도 아들을 데리고 친정을 찾았다. 우메모토는 딸과 함께 마당 한쪽에 최근 설치한 가마에서 피자를 구웠다. 수시로 찾아오는 딸과 손자 등 3대가 즐겁게 식사할 수 있도록 우메모토가 딸과 함께 만든 것이다. 우메모토 부부는 이날 오후 딸, 손자와 피자를 구워 먹으면서 세상 살아가는 이야기를 나눴다.

"3대, 4대가 함께 살면서 일어나는 문제 중 하나는 식생활의 세대 차라고 할 수 있어요. 상대방의 식성을 서로 인정해주는 것이 무엇보다 중요하다고 생각해요." 우메모토는 "가마를 만들고 피자를 구우면서 젊은 세대의 식생활을 이해할 수 있게 됐다"면서 "지금은 딸과 손자가 좋아하는 피자도 맛있게 먹는다"고 말했다. 점심식사 뒤 우메모토와 지인들은 공방 옆 차방에서 전통 녹차를 마셨다. 1941년생인 우메모토는 열여섯 살 때부터 전통 인형을 만들어온 장인이다. 히로시마에서 살다가 20년 전 100년 된 농가로 이사 왔다. 인형을 만드는 틈틈이 텃밭을 가꾸는 그는 부인, 딸과 함께 요리하는 것을 가장 큰 즐거움으로 여긴다. "아침식사는 빵과 야채를 요구르트, 커피와 함께 먹고 간단하게 끝내요. 점심은 밥 한 공기와 야채로 해결하고, 저녁식사는 조금 푸짐하지만 지나치지 않게 하고 있어요. 생선, 고기, 야채도 즐기고요."

같은 마을의 요코기 겐지橫儀建次(74세)는 "후쿠시마 식재료는 여기까지 오지 않기 때문에 별걱정을 하지 않지만, 중국 등 다른 나라에서 수입된 식재료는 되도록 사지 않는 편"이라고 말했다.

그렇다면 중국 중산층의 식생활은 어떨까. 주부 리리李麗(45세)는 베이징 시 차오양朝陽 구 쭤자좡중제左家莊中街의 한 아파트에서 국영 기업에 다니는 남편(53세), 20대 조카와 살고 있다. 외아들은 톈진天津에서 대학을 다니며 기숙사 생활을 한다.

2015년 7월 4일 저녁, 간간이 비가 내리는 날 리리의 집을 찾았다. 녹음이 우거진 곳으로 겉보기에도 중산층 이상이 사는 아파트 단지였다. 집으로 들어가자 널찍한 거실 옆 식탁 위에 사각 젤리 모양의 아몬드 두부와 청포도, 유기농 채소에 치즈를 얹은 샐러드가 차려져 있었다. 리리는 "아몬드 두부는 궁중 요리인데 아몬드를 많이 먹으면 장수한다고 한다. 채소는 친구가 근교 농장에서 재배한 것을 사다 먹는다"

고 말했다. 묵처럼 생긴 아몬드 두부는 달콤했다. 채소는 이탈리아에서 씨를 가져와 재배한 것이라고 했다. 리리는 같은 유기농 채소라도 마트보다는 산지에서 직접 사온다. 채소밭도 직접 가보고 품질을 확인한다. 유기농 채소를 먹은 지는 2년 정도 됐다.

🍴 리리의 냉장고엔 일본산 소스와 알래스카 연어가

주방에는 이날 저녁 요리 재료가 가지런히 놓여 있었다. 중국인들의 필수 식재료인 돼지고기 외에 다롄大連산 낙지, 고추, 가리비 등이었다. 리리는 "돼지고기는 쓰과絲瓜(수세미외)에 집어넣어 기름을 둘러 요리

베이징의 주부 리리가 저녁 요리를 위해 준비해놓은 재료들이다. 돼지고기와 다롄산 낙지, 고추, 가리비 등이다.

할 것"이라고 했다. 돼지고기는 시장에서 사는 일이 드물며 6개월마다 아는 사람을 통해 구입한다. 돼지 한 마리를 통째로 사 친구의 냉장창고에 맡겨놓고 필요할 때마다 갖다 쓴다. 닭고기는 거의 먹지 않고 계란은 일주일을 넘기지 않는다. 아들이 좋아하는 소고기는 집에서 4킬로미터가량 떨어진 무슬림 동네에서 사온다. 500그램에 30~40위안(약 5500~7500원) 수준이다. 스테이크가 먹고 싶을 땐 호주산 수입 소고기를 주로 산다.

일본제 파나소닉 냉장고 안에 있는 조미료나 우유는 외국산이 대부분이었다. 타이완산 발효두부, 일본산 샐러드 소스, 독일산 잼, 100퍼센트 자연산 알래스카 연어 등이 눈에 띄었다. 돼지고기 요리에 쓰는 푸젠福建성에서 나온 발효 콩, 일본산 떡과 중국산 떡도 눈에 띄었다. 냉장고 안에는 해삼 등의 해산물과 국수를 만들 때 많이 넣는 광둥산 말린 특산 야채도 있었다. 고추장은 직접 만들어 먹고 올리브유는 미국 대사관 근처 수입 식품 판매점을 이용한다.

리리의 식단은 수산물이 중국인들의 새로운 식단으로 자리잡고 있음을 보여줬다. 중국은 2000년대 초반부터 노르웨이와 칠레에서 연어를 수입하기 시작했으며 수입량은 이미 일본을 앞질렀다. 2000년대 중반부터 소개된 참치는 소비량이 급증하면서 참치 소비 대국 일본이 중국의 눈치를 살펴야 하는 수준이다.

아침식사는 중국인이 많이 먹는 밀가루 튀김 여우티아오油條나 두유의 일종인 더우장豆漿을 먹고 가끔 빵과 우유도 식탁에 오른다고 리리는 소개했다. 여우티아오는 집 근처의 역사가 오래된 국영 음식점에

베이징 시 차오양 구에 사는 주부 리리가 자신의 집 냉장고 문을 열어 식재료를 소개하고 있다. 중산층인 리리는 친구가 근교 농장에서 재배한 유기농 채소를 사다 먹고, 돼지고기도 한 마리를 통째로 사 친구의 냉장창고에 맡겨놓고 필요할 때마다 가져다 쓴다. 그는 "식품 안전을 남에게 맡길 수 있느냐"며 "본인이 노력해야지, 누구를 믿어선 안 된다"고 말했다.

서 사온다. 길에서 파는 것은 위생적이지 않아서 사지 않는다. 실제로 2015년 5월 베이징 시 당국 조사 결과 길거리에서 파는 여우티아오에서 기준치를 넘는 알루미늄이 검출됐다.

베이징 출신인 리리는 중산층 이상의 소득 수준을 가진 가정의 주부다. 마트를 멀리하고 웬만한 식재료는 아는 사람을 통해 직접 사며, 외국산을 많이 사용해 다소 유별나다는 느낌을 주기도 했다. 리리의 사례는 중국에서, 특히 중산층 이상에서 식품 안전이 가장 큰 걱정거리임을 보여준다. 중국은 아직 빈부 격차가 심하지만 온포형 사회溫飽型社會(먹고 자는 문제를 해결해야 하는 사회)에서 소강사회小康社會(중산층 이상의 풍족한 생활을 누리는 사회)로 들어서고 있다. 리리는 "식품 안전은

본인이 노력해야지, 누구를 믿어서는 안 된다"고 말했다.

유기농 먹거리 소비는 대도시에서 두드러진다. 베이징, 상하이, 광저우, 선전 등 4대 도시가 전체 유기농 먹거리 소비의 약 30퍼센트를 차지하고 있다. 중국 소비자의 71퍼센트는 식품 안전을 위해 20~50퍼센트의 값을 더 낼 의사가 있다는 통계도 있다. 유기농 채소와 일반 채소의 가격 차이는 3~5배로 다른 나라보다 높은 편이다. 일부 유기농 채소 재배지는 비닐하우스에 카메라를 설치, 고객이 집에서 컴퓨터로 재배 과정을 볼 수 있게 해준다.

마트에서는 이제 무공해 농산품, 친환경·유기농 인증이 붙은 과일,

리리가 차린 저녁 식탁.

채소, 고기가 넘쳐난다. 2013년 중국의 유기농 식품 판매량은 이미 50억 달러(약 5조6900억 원)를 넘어선 것으로 추정된다. 선진국에서는 유기농 제품이 영양은 물론 생태·환경 보호 측면에서 인기를 끌지만 중국에서는 식품 안전이 가장 큰 이유다. 하지만 중국의 유기농 식품이 과연 100퍼센트 안전한지에 대해서는 논란이 있다. 공기와 토양이 이미 많이 오염된 탓이다.

호주의 영양 컨설턴트인 킴벌리 애슈턴은 2015년 4월 상하이에 요리 강좌를 개설했다. 그는 『사우스차이나모닝포스트』와의 인터뷰에서 "중국 주부들은 가족에게 건강한 음식을 먹이고 싶어한다. 나이 들고 완고한 이들과 달리 강좌를 듣는 사람들은 기꺼이 식습관을 바꾸려 하고 있다"고 말했다. 소고기 소비가 늘어난 것도 건강에 대한 관심과 관련 있다. 소고기가 돼지고기에 비해 지방이 적다는 인식이 퍼져 있기 때문이다. 전에는 주로 북방 사람들이 소고기를 먹었으나 지금은 남방 사람들도 많이 먹는다. 원래 소고기는 겨울에 주로 먹었지만 지금은 계절을 가리지 않는다. 경제 발전으로 소득이 높아진 것도 소고기 수요가 늘어난 이유다.

하지만 자국산 소고기 공급은 수요를 따라가지 못하고 있다. 2013년 중국의 소고기 수입량은 29만7000톤으로 전년보다 3.8배 늘었다. 호주(47퍼센트)·우루과이(25퍼센트)·뉴질랜드(18퍼센트)산 비중이 높다. 중국인들은 외국산 고기를 자국산보다 더 신뢰하지만, 외국산이 전체 소비에서 차지하는 비중은 여전히 낮은 편이다. 지금 중국의 1인당 연간 소고기 소비량은 4~5킬로그램 수준이지만 5년 안에 8킬로그램가

중국 지린 성 지안의 한 아침 시장. 냉동 시설 없이 육류와 생선이 판매되고 있다. 더욱이 중국에서 양돈·양계는 항생제 오염의 주범으로 지목되곤 한다.

량으로 늘어날 것으로 관측된다. 근래에는 밀수된 소고기가 많이 반입되면서 식탁의 안전을 위협하고 있다. 심지어 살아 있는 소를 국경을 통해 밀수한 다음 직접 도살하는 경우도 있다. 소고기와 양고기의 밀수 규모는 연간 200만~300만 톤으로 추정된다.

대도시 중산층과 달리 중소 도시와 농촌 주민들에게 식품 안전은 미래의 일이다. 2015년 7월 3일 오전 7시쯤 지린吉林 성 지안集安의 한 아침 시장. 더운 여름인데 냉동 시설 없이 육류와 생선을 파는 모습을 쉽게 볼 수 있었다. 양돈·양계·양식업이 항생제 오염의 주범이란 지적도 끊이지 않는다.

술안주로 인기 많은 에다마메

풋콩을 깍지째로 짭짜름하게 쪄낸 에다마메는 일본인이 많이 먹는 반찬이며 술안주로도 인기다. 소금물에 풋콩을 삶는 대신, 소금은 따로 곁들여 내지 않는다.

일본에서 '에다마메'라는 표현이 처음 문헌에 등장한 것은 1275년이다. 가마쿠라鎌倉 막부 시절의 승려로서 대사大士로 추앙받는 니치렌日蓮이 기거하던 절을 떠나면서 지역 주민에게 에다마메를 받았다는 기록을 남겼다. '에다'는 줄기, '마메'는 콩이라는 뜻이다. 가지에 붙은 풋콩에서 콩깍지의 양끝을 자른다. 소금에 비벼 짠맛이 콩깍지에 배게 한 다음 옅은 소금물에 3~5분 정도 삶아 건지면 된다. 차갑게 먹어도 되고, 따뜻하게 먹어도 된다.

일본식 술집 이자카야에서는 간단한 안주로 에다마메를 내온다. 이뿐만 아니라 요즘에는 미국이나 유럽에서도 건강에 좋다 해서 인기다. 에다마메는 칼로리가 낮고 식이섬유가 많은 것으로 알려져 있다. 마트에서 파는 냉동 에다마메를 사다가 녹여서 양파, 아보카도 따위와 함께 샐러드로 만들어 먹기도 하고, 으깨서 바질 소스와 섞어 빵에 발라 먹기도 한다. 에다마메라는 용어는 2003년 옥스퍼드 영어사전에, 2008년 메리엄웹스터 사전에도 등록됐다.

중국인들의 아침식사 여우티아오

　여우티아오는 밀가루를 반죽해 꽈배기처럼 꼬아서 기름에 튀겨낸 음식이다. 쫄깃쫄깃하면서도 바삭바삭하다. 조그맣게 잘라서 두유와 비슷한 콩국인 더우장豆醬에 말아 먹으면 제격이다. 만터우饅頭, 빠오즈包子와 함께 중국인들이 즐겨 먹는 아침 음식이다. 밀가루 반죽을 길이 10센티미터 정도로 늘여 살짝 꼰 뒤 펄펄 끓는 기름에 튀겨내면 끝이다. 다 튀겨지면 길이가 두 배 이상으로 길어지고 모양도 꽈배기처럼 변한다.

　여우티아오의 유래는 남송 시대로 거슬러 올라간다. 당시 금나라로부터 나라를 지켜낸 악비岳飛라는 장군이 있었다. 악비는 병법에 능해 전쟁에서 거의 패하지 않는 명장이었다. 그런 그가 화평파인 재상 진회秦檜로부터 심한 견제를 받게 됐다. 금나라와 화평을 추진한 진회는 악비에게서 지휘권을 빼앗았고 결국 악비는 관직을 내려놓았다.

　진회는 여기에 만족하지 않고 악비를 반역죄로 몰아 감금시킨 뒤 아들과 함께 독살했다. 사람들은 밀가루 반죽을 진회의 얼굴 모양으로 만들어 기름에 튀긴 뒤 씹어 먹으면서 진회를 저주했다. 지금은 여우티아오가 길쭉하지만 그때는 동그랬다고 한다.

　지금도 중국인들은 이름을 지을 때 회檜자를 거의 쓰지 않는다. 항저우 시후西湖에 있는 악비 묘에는 당당한 모습을 한 악비 동상과 함께 철창 속에 무릎 꿇고 있는 진회 부부의 동상이 있다.

지구의 밥상

중국 요리의 떼어놓을 수 없는 벗, 차茶

중국차는 찻잎이 얼마나 강하게 산화되었느냐에 따라 녹차綠茶, 황차黃茶, 흑차黑茶, 청차青茶, 백차白茶, 홍차紅茶의 여섯 가지로 크게 분류된다.

찻잎을 따서 바로 증기로 찌거나 솥에 넣어 발효시키지 않는 차에는 녹차, 용정차龍井茶, 황산모봉차黃山毛峰茶가 있다. 찻잎이 녹색인 것이 특징이다.

반半 발효차는 찻잎을 10~70퍼센트 발효시킨 것이다. 발효과정에서 산화 효소가 작용해 녹색이 없어진다. 백차白茶, 오룡차烏龍茶(우롱차), 화차花茶 등이 여기에 속한다. 발효차는 발효 정도가 85퍼센트 이상이다. 떫은맛이 강하고 색깔은 홍색이다. 대표적인 게 홍차紅茶다. 홍차는 전 세계에서 가장 많이 소비되는 차다.

『다경茶經』을 저술했던 육우.

마지막으로 후後발효차는 녹차 제조 방법과 같이 효소를 파괴한 뒤 찻잎을 퇴적해 공기 중에 있는 미생물의 번식을 유도함으로써 다시 발효시킨 차다. 황차, 흑차가 그렇다. 녹차를 제조하는 과정에서 우연히 발견된 황차는 송나라 때는 하등 제품으로 취급되기도 했다.

녹차가 중국 전체 차의 총생산량 70만 톤 중 70퍼센트 정도를 차지하며 그다음은 홍차가 10퍼센트 정도다. 국내 소비와 수출 비율은 5 대 2 정도로 내수가 훨씬 많다.

차는 중국인의 일상생활에 빠질 수 없는 기호식품이다. 중국 사람들이 차를 마시는 습관을 갖게 된 것은 물에 석회 성분이 많아 수질이 좋지 않기 때문이라는 이야기가 있다. 그러나 이보다는 기름기가 많은 식생활 습관이나 문화적 전통과 더 관련이 깊다는 게 설득력 있다.

차의 기원은 지금으로부터 약 5000년 전으로 거슬러 올라간다. 100가지 풀을 맛보다가 독초에 중독된 신농神農이 찻잎을 먹고 해독했다는 설이 있다. 신농은 기원전 2700년경의 전설 속 임금이다. 이것이 사실이라면 차의 역사는 5000년이나 되는 셈이다.

원래 약용으로 쓰이던 차가 기호음료로 정착된 것은 한나라 때부터다. 『삼국지』에 유비가 비싼 차를 사려는 장면이 나온다. 그러므로 이 시기에 이미 차를 마시는 관습이 정착되어 있었던 것으로 보인다. 위진남북조 시대에는 귀족들이 차를 많이 마셨고 당나라 때는 민간에까지 널리 퍼졌다.

중국에서 시작된 차가 세계 각국으로 전해진 것은 불교의 전파와 관련 있다는 의견도 있다. 승려들이 정신을 맑게 하고 피로를 없애준다고 하여 차를 좋아했기 때문이다. 승려들이 세계로 불교를 전파하면서 차도 함께 전했을 수 있다.

9

기찻길 옆
텃밭

—

프랑스 일드프랑스와
영국 도먼슬랜드
2015
06.18-25

프랑스 파리 서쪽 16구를 조금 벗어나면 센 강과 나란히 트램(노면 전철) 철길이 놓여 있다. 트램을 타고 파리를 감싼 일드프랑스 지역인 생클루를 지나다보면 옹벽마다 그려진 그라피티만큼이나 많은 작은 밭들을 스쳐 지나간다. 2015년 6월 오후 늦은 시각 생클루의 레코토 역에서 내려 레밀롱 방향으로 철길을 따라 걸었다. 오른편에 한눈에 봐도 수십 년에서 족히 100년은 돼 보이는 단독주택들이 늘어서 있었다. 5분쯤 걷자 철길 옆 경사지에 오밀조밀한 텃밭들이 모습을 드러냈다.

한 남성(59세)이 민달팽이 방지약을 배추밭에 뿌리고 있었다. 그는 물 값을 포함해 연간 10유로(약 1만3400원)를 시에 내고 집 앞의 자그마한 땅을 빌렸다. 텃밭 임차 경쟁이 치열해 2년 반을 기다렸다고 한다. 그는 은퇴 후 4년째 셀러리, 양배추, 호박, 강낭콩, 토마토, 파, 양파, 상추, 해바라기를 키우고 있다. 이 남성은 "식재료 값을 아끼기 위해서는 아

파리 서쪽 16구를 조금 벗어난 일드프랑스 지역인 상클루의
트램(노면 전철) 레코토 역에서 레밀롱 역 사이 철길 옆으로
근처 주민들이 가꾸는 작은 텃밭들이 펼쳐져 있다.

니었고, 특이한 종자를 얻어 키우는 재미로 시작했다"며 "직접 키우니
까 더 안전한 채소를 먹을 수 있는 장점도 있더라"고 말했다. 이곳 텃
밭의 대부분은 주민들이 퇴근 뒤에 가꾼다. 집단 경작을 하기도 한다.
수확물을 직접 먹거나 이웃과 나눌 수는 있지만 시장에서 파는 것은
금지되어 있다. 임대 기간 제한은 없다. 하지만 농사를 짓지 않아 잡초
가 나면 땅을 반납해야 한다.

✕ "텃밭 빌리기 위해 5~6년 기다렸어요"

영국에는 한국의 주말농장과 비슷한 '얼로트먼트Allotment'가 있다. 런던 남쪽의 도먼슬랜드에 있는 폴라즈 얼로트먼트Pollard's Allotment에서 애덤(51세)과 그의 딸 이미(9세)를 만났다. 주변 링필드에 사는 부녀는 주말을 맞아 파와 비슷한 리크를 수확하기 위해 농장에 왔다. 애덤은 "버터에 볶거나 수프에 넣어 먹으면 맛있다"며 방금 뽑은 리크를 들어 보였다. 애덤은 '13'이라는 번호표가 붙은 가로 5미터, 세로 10미터의 땅을 5년째 경작 중이다. 지방 정부에 매년 25파운드(약 4만5600원)만 내면 땅을 빌릴 수 있다. 이곳은 쓰레기 더미가 쌓인 채 버려졌던 땅을 지방 정부가 소유주에게 빌려 36가구에 다시 임대했다. 얼로트먼트도 경쟁이 치열해 애덤은 이를 빌리는 데 5~6년이나 기다려야 했다.

애덤의 밭에는 감자꽃이 활짝 피었다. 그가 키우는 작물은 호박, 딸기, 감자, 루바브, 마늘, 양파, 콩, 옥수수, 오이, 라즈베리, 로즈마리, 무, 당근, 근대, 구스베리 등 스무 가지가 넘는다. 수확한 농산물은 가족이 바로 먹고, 남는 것은 얼려둔다. 지난해에는 딸기를 따서 잼을 만들었다. 올해 딸기 농사는 딸 이미가 책임지고 있다.

그는 자신이 일하는 농장에서 소똥, 말똥을 얻어 비료로 쓴다. 농약은 전혀 쓰지 않고, 민달팽이가 어린 작물을 먹을 때만 주변에 약을 쳐서 오지 못하게 한다. 애덤은 "감자를 캘 때 땅속에서 공 모양의 새끼 쥐 세 마리를 발견한 적도 있다. 두더지가 밭을 파헤쳐 마늘 농사를 망치기도 했다"며 웃음 지었다. 요즘 아이들과는 다르게 채소를 좋

주말을 맞아 영국 런던 남쪽 도먼슬랜드에 있는 '폴라즈 얼로트먼트'를 찾은 애덤과 그의 딸 이미가 수확한 '리크'를 손질하고 있다.

아하는 이미는 "도시에 살고 싶지 않다. 땅이 좋다"고 수줍게 말했다.

이들이 직접 농사를 짓는 이유는 뭘까. 애덤은 "국가 규정이 있으니 슈퍼마켓에서 파는 농산물이 농약에 크게 오염됐다고 생각하지는 않지만 맛 때문에 텃밭을 가꾼다"고 말했다. 그는 "농작물을 직접 기르고 난 뒤부터 음식을 훨씬 더 맛있게 먹는다. 마켓에서 파는 것보다 작지만 맛있다. 채소를 거둬 싣고 갈 때면 자동차가 향기로 가득 찬다"고 했다. 가끔은 얼로트먼트에 친구를 초대해 일에 지친 몸과 마음을 치유하기도 한다. "모든 식재료를 여기서 키울 수는 없지만 되도록 이곳에서 기른 것을 먹으려고 한다"는 것이 그의 설명이다.

프랑스와 영국에서 주민들의 밥상을 살펴보면서, 사람의 몸을 만드는 먹거리를 안전하게 지키려는 여러 시도를 직접 볼 수 있었다. 사실 파리에서는 이미 19세기 후반부터 도시농부 약 8500명이 당시 파리 시 넓이의 6분의 1에 해당되는 1400헥타르의 땅을 경작했다고 한다. 그 후 도시 농사에 대한 관심이 거의 사라졌다가 1990년대 말 되살아나기 시작했다. 1999년 땅 주인의 허가 없이 빈 땅을 '습격'해 텃밭을 꾸미는 '게릴라 가드너'들이 나타난 것이다. 이들은 공업 용지였다가 버려진 곳을 밭으로 일궜다. 몇 년 뒤 시 당국은 '녹색 손' 프로젝트를 공식 승인했다. 파리 시는 2000년부터 시 전역에 농약 살포를 금지시켰다.

프랑스에서 토종 종자를 지키고 유기농 재배의 시범을 보이는 곳은 특이하게도 국회의 상원인 세나Sénat다. 세나는 '문화유산 및 정원 보호 부서'를 두어 고유한 식물종도 문화재처럼 보존하려 애쓰고 있다.

프랑스 세나(상원) 정원 관리 책임자 디디에 자코엉이 평소
공개되지 않는 과일 농장을 기자에게 공개하고 있다. 이곳에
서는 1850년대 나폴레옹 3세 때부터 프랑스 고유종을 포함
해 사과 350종, 배 150종, 포도, 살구, 앵두를 재배하고 있다.

세나에서 농장을 운영한 지는 150년이 넘었다. 가톨릭 성직자들이 정
원에서 과일을 키우던 전통을 이어받아 1850년대 나폴레옹 3세 때부
터 프랑스 고유종을 포함해 사과 350종, 배 150종, 포도, 살구, 앵두를
2000제곱미터 크기의 농장에서 재배하고 있다. 이 농장을 비롯해 세
나 정원 전체를 관리하는 정원사만 80여 명이다. 당장 상품으로 팔기
위한 것이 아니라 방치하면 멸종될 종자를 보존하고 개발하기 위해 이
런 투자를 하고 있다.

　세나 정원 관리 책임자 디디에 자코엉(54세)은 평소 공개하지 않는
과일 농장을 보여줬다. 농장 뒤편에 1700년대부터 성직자들이 살던

건물이 있었다. 보통 과수원에서 볼 수 있는 굵고 튼실한 나무가 아니라, 대체로 줄기가 가늘고 키도 작은 나무들이 줄지어 서 있었다. 1598년 한 신부가 처음 키우기 시작했다는 '란삭lansac'이라는 배나무도 보였다. 과일들은 종자별로 세 그루씩 심어 보존된다. 배와 사과에는 흰 종이봉투가 씌워져 있었다. 자코엉은 "화학비료나 농약을 주지 않기 때문에 해충으로부터 보호하기 위해 종이봉투를 씌운다. 농약을 전혀 주지 않아도 과일 재배가 가능하다는 걸 보여주기 위해서"라고 설명했다.

이곳에서는 종자의 기원을 찾는 작업도 한다. 해외 연구 기관들과 종자를 공유해 같은 종인지 비교하거나, 생태와 유전자를 비교해 식물의 계보를 캐기도 한다. 외국에서 사라진 종을 세나에 요청해 받아가는 경우도 있다. 자코엉은 "당장 결과가 나오는 일은 아니지만 언젠가는 필요할 때가 올지도 모른다"면서 "세나에서 가꾸는 정원이 이제는 세나의 상징이 됐다"고 말했다. 농장에서 생산하는 과일은 매년 3톤가량 된다. 일부는 의원들에게 보내 종자 보존의 중요성을 알리고, 나머지는 시 당국에 기증해 빈민구호단체에 전하게 한다. 상업 농장들에 종자를 보내 신품종 개발을 하도록 돕기도 한다. 자코엉은 "프랑스에는 사과 종류만 해도 4000종에 이른다"고 했다.

✖ 유기농 – 소비자 직접 연결해주는 '아맙'

지하철 1호선 랑뷔토 역 근처에 있는 농민 지원 단체 '아맙AMAP'의 사무실을 찾아갔다. 경작할 사람이 없어 방치된 농지를 사들여 농사를 짓고 싶어하는 사람과 연결시켜주는 사업을 논의하는 회의가 열리고 있었다. 2014년 아맙의 중개를 거쳐 11명이 농사를 시작했다고 한다. 아맙은 처음에는 수확량이 많아 제값을 받지 못하는 농민들을 지원하기 위해 만들어졌다. 지금 주력하는 사업은 유기농 재배자와 소비자를 연결시켜주는 일이다. 주로 파리 주변 일드프랑스에서 소규모로 농사짓는 농민 100여 명이 파리의 1만5000여 가정의 회원들에게 매주 한두 차례 당근, 감자, 양파, 피망, 배추, 호박, 가지, 셀러리, 무, 파, 허브류 등의 유기농 채소를 공급하고 있다. 2003년 마르세유에서 시작된 이 사업은 리옹, 보르도 등 대도시에 모두 정착되어 있다.

한국에서도 요즘 인기를 끌고 있는 유기농 '먹거리 꾸러미'처럼, 소비자들은 어떤 채소를 받을지 알 수 없다. 농민들이 그때그때 제철 채소와 먹거리를 골라 보내주기 때문이다. 농민과 소비자가 서로 믿지 않으면 불가능한 거래다. 소비자들은 매년 한 차례씩 농장을 직접 방문해 살펴보기도 한다. 사무실에서 만난 회원 루이스 카르라(22세)는 "보통 일주일에 7킬로그램짜리 꾸러미를 받으면서 15~20유로를 낸다. 값도 많이 비싼 편은 아니다. 대부분 유기농을 한 지 오래된 농민들이라서 소규모이지만 질병에 잘 대비하며 수확량도 많다"고 설명했다. 실업자나 빈민 가정에는 아맙에서 농산물 구입 비용을 지원해준다.

매주 두 번 열리는 파리 6구 거리 시장에 다양한 종류의 토마토가 진열되어 있다. 모양도, 크기도, 색깔도 제각각이다. 상인은 "전부 유기농이라 그렇다"고 설명했다. 세나 정원 관리 책임자 디디에 자코엥이 "프랑스에는 사과만 4000여 종이 있다"고 한 말이 떠올랐다.

아맙은 공공도서관, 회원 식당 등을 센터로 활용한다. 파리에만 300곳의 센터가 있다. 농민들이 센터에 농산물을 놓고 가면 소비자가 들러 받아가기 때문에 상점 임차료는 들지 않는다. 유기농산물 값을 낮출 수 있었던 이유 중 하나다. 일드프랑스의 지방자치단체들도 유기농을 활성화하기 위해 연간 수만 유로를 지원한다. 농민들은 고정적으로 판로를 확보할 수 있어 좋고, 시장 변동에 따라 농작물 가격이 폭락해도 피해를 줄일 수 있다. 물론 회원들에게 공급하고 남은 농산물은 시

프랑스에서 유기농에 대한 관심은 높아도 전체 농작물에서 차지하는 비중은 3퍼센트에 불과하다. 더구나 유기농 목장은 드물어 식탁에 유기농 먹거리만 올리기에는 큰 한계가 있다.

장에 팔 수도 있다. 카르라는 "농민들 얘기로는 소비자들과 직접 연결된 뒤로 소득이 전보다 두세 배 늘었다고 한다"고 전했다.

물론 유기농 바람이 불고 있다고 해도 아직은 소수의 이야기일 뿐이다. 프랑스에서 유통되는 농작물 중 유기농은 3퍼센트에 불과하다. 파리 근교에는 유기농 채소 농장이 많은 반면 유기농 목장은 적어, 유기농 식재료를 고집하고 싶어도 우유나 고기를 구하기 어려울 때가 있다.

텃밭·유기농 작물 직거래는 밥상의 안전을 위해 중요하다. 내 식탁 위에서 농약을 없애는 것을 넘어, 대륙과 대양을 넘나드는 식품 유통에 들어가는 에너지 소비를 줄이는 길이기도 하다. 『로컬 푸드Eat Here』의 저자인 미국의 식품운동가 겸 저술가 브라이언 핼웨일은 캘리포니아에서 키워 대륙을 횡단, 워싱턴까지 실어 나르는 상추를 언급하며 "음식이 되었을 때 나오는 열량보다 36배 많은 화석연료 에너지를 운송 과정에서 쓴다"고 지적한다.

먹거리 안전도 중요하지만, 한쪽에서는 식량이 모자라는데 다른 쪽에서는 넘쳐나서 버리는 것도 문제다. 음식 낭비를 막기 위해 캠페인을 벌이고 있는 시민단체 디스코수프Disco Soupe는 2015년 상반기에 거리에서 음식을 요리해 사람들에게 나눠주는 활동을 거의 매일 했다. 식재료는 시장이나 슈퍼마켓에서 팔고 남은 것들을 기부받았다. 그릇은 모두 친환경 제품들이다. 소셜 미디어로 함께 요리할 사람을 모집하고, 활동 후에는 후기를 올려 시민들에게 알린다. 디스코수프의 활동은 의회의 입법으로 이어졌다. 2015년 5월에 세나는 복지단체에서 남는 음식을 요구할 경우 대형 마트 등이 거부하지 못하게 하는 법안을 만장일치로 통과시켰다. 값이 떨어지는 걸 막으려고 음식이 남아도 기부하지 않고 버리던 관행에 제동을 건 것이다.

디스코수프 대표 바스티앵 보포르는 스물일곱 살의 청년이다. 그는 어릴 때부터 라틴아메리카 원주민들이 키운 작물을 공정무역으로 수입해 팔아온 어머니의 영향을 받아 음식 문화에 관심이 많았다. 그는 "프랑스에서는 매년 1인당 155킬로그램의 음식을 버리고 있다"면서 "음식 낭비는 경제력과는 상관없다. 교육이 필요하다"고 말했다. 영국 정부의 자문기구인 '폐기물 및 자원행동 프로그램Waste&Resources Action

9 가깝게, 멀찍이

왼쪽은 '음식 낭비를 막고자 캠페인을 벌이는 시민단체 디스코수프의 대표 바스티앵 보포르. 그는 "음식 낭비는 경제력과 상관없다. 교육이 필요하다"고 말한다.' 아래는 '농민 지원단체 '아맙'의 회의 모습'.

Programme'에 따르면 전 세계 사람들이 1년 동안 버리는 음식물은 4000억 달러(약 450조 원)어치에 이른다. 생산되는 식품의 3분의 1은 버려진다는 소리다. 유엔 식량농업기구FAO는 부유한 나라에서 버려지는 음식물만으로도 세계의 굶주리는 사람들 8억7000만 명을 먹여 살릴 수 있을 것이라고 지적한다.

✕ 텃밭과 유기농만으로 해결할 수 있을까

프랑스는 미식의 나라로 유명하지만 대부분의 서민에겐 옛말이다. 유명 셰프들을 내세운 고급 식당도 여전히 많지만 맥도널드만 해도 전국에 3000개가 넘는다. KFC, 저가 뷔페 플런치, 패스트푸드점 퀵 등의 체인 매장들을 쉽게 찾을 수 있다. 싸고 맛있지만, 패스트푸드로 인해 치러야 하는 대가 또한 만만치 않다.

방부제, 화학보존료가 발전했지만 대량 생산, 대량 유통되는 식품 공급 체제 속에서 오히려 신종 박테리아와 식중독균의 위험성이 커졌다. 농작물에 뿌려지는 살충제는 그 작물을 먹은 사람의 몸에 축적된다. 온갖 식품첨가제는 인체에 장기적으로 부작용을 일으킨다는 우려가 제기된다. 유전자 조작 식품에 대한 걱정도 가시지 않는다. 칼로리를 과다 섭취한 사람들은 비만과 질병에 시달린다. 내 먹거리에 대한 결정권을 나 아닌 다른 사람, 기업, 혹은 지구적인 규모의 대량 식품 체제에 내맡긴 결과다.

프랑스 3대 유기농 체인점 중 하나인 비오 세봉의 파리 시청 근처 매장에 유기농 곡류가 진열되어 있다. 육류, 채소를 비롯해 거의 모든 식료품을 유기농으로 구입할 수 있나.

텃밭과 유기농은 그 위험에서 벗어나 내 몸과 지구를 지키기 위한 움직임이지만 한계 또한 분명하다. 모든 식재료를 직접 키울 수는 없다. 또 현실적으로 유기농만 사먹는 것은 불가능하다. 심지어 미국과 유럽에서는 월마트 같은 대형 소매업체가 유기농업을 흡수하기도 한다. 월마트 등이 유기농 식품 코너를 만들면서 소형 유기농 농장들은 무너지고 유기농 시장마저 대형화된 것이다. 이런 유기농산물은 영양가가 더 있을지는 몰라도, 식품산업 체제에 변화를 가져오기 힘들다. 유기농마저 '규모의 경제'에 빠져드는 것이다. 게다가 유기농이라도 100퍼센트 안전하다고 자신할 수는 없다.

프랑스의 유기농 체인 비오 세봉에서 만난 주부 세실리아(48세)는 "유기농 밭 주변에서 다른 농작물에 농약을 치는 모습을 본 뒤로는 유기농을 100퍼센트 신뢰하지는 않는다"고 했다. 그런데도 그가 이곳을 찾는 건 '그래도 조금이나마 더 낫지 않을까 싶어서'다.

영국 남부 브라이턴의 서식스 대학 연구실에서 만난 식품 전문가 에릭 밀스턴 교수는 "나조차도 슈퍼마켓에 가서 식품 포장에 적힌 GM이나 첨가물 표시를 들여다보고 식품의 안전을 판단하지 못한다"고 했다. 밀스턴 교수는 식재료 업체들이 동물 실험에서 '원하는 결과가 나올 때까지' 실험을 계속 반복하는 것을 목격한 적도 있다면서 "살충제나 식품첨가물에 관해 세계무역기구wto와 같은 국제기구나 각국 정부가 전문가들의 의견을 구하는데, 자문을 해주는 전문가 대부분이 업계와 관련 있는 사람들"이라고 했다. 전문가인 그가 식품 안전에 대해 내놓은 조언은 몹시도 평범했다.

"난 고기를 적게 먹고 채소를 많이 먹으려 애씁니다. 하지만 식사는 단순히 배를 채우는 행위가 아니죠. 즐거움이 있어야 합니다. 누구와 어떤 음식을 어떻게 먹는지도 중요하죠."

게릴라 가드닝

    1973년 어느 날 미국 뉴욕의 예술가 리즈 크리스티와 동료들은 밤새 쓰레기가 잔뜩 버려진 공터를 청소하고 이곳을 꽃밭으로 만들었다. 이들은 스스로를 '그린 게릴라Green guerrillas'라고 칭했다. 땅 주인은 "불법 침입"이라며 이들을 고소했고, 리즈와 동료들은 주인을 상대로 맞소송을 냈다. "자신의 땅을 관리하지 않고 방치해 땅에 대한 권리가 없다"는 이유에서다.

    사유재산권이 가장 중요한 권리인 자본주의 체제에서 어찌 보면 말이 되지 않는 이 법정 다툼은 7년간이나 이어졌는데, 결국 뉴욕 시가 이 땅을 사들여 공원을 만들면서 끝이 났다. 그린 게릴라들의 활동은 사람들에게 '땅에 대한 올바른 관리'에 대한 관심을 불러일으켰다.

    2004년 영국 런던의 리처드 레이놀즈는 자신의 집 주변의 쓸모없는 땅에 꽃을 심고 가꾸는 과정을 웹사이트에 지속적으로 남겼는데, 그의 활동은 게릴라 가드닝이 전 세계로 확산되는 계기가 됐다. 게릴라 가드닝은 문 닫은 공장 터, 도로변, 인도, 전봇대, 벽, 지하철 재떨이 등 장소를 가리지 않으며, 꽃뿐만 아니라 관목, 채소 등 식물의 종류에도 구애받지 않는다. 게릴라 가드너들은 매년 5월 1일을 '게릴라 가드닝의 날'로 정해 곳곳에 식물을 심는다.

9 가짓길 옆 뒷밭

프랑스 가정의 저녁식사

　파리에서 남쪽으로 17킬로미터 떨어진 일드프랑스 레숀에 위치한 팔레 조에는 파리로 출퇴근하는 중산층 맞벌이 가정이 많다. 엠마뉴엘(46세)은 팔레조에서 남편 마코루스(51세), 어머니(70세), 딸 아나엘(17세), 아들 제레미(14세)와 함께 산다. 엠마뉴엘은 대기업에서 일하고, 마코루스는 고등학교 체육 교사다.

　2015년 6월 저녁 이 집을 찾았을 때 마코루스는 2층 야외 정원에서 동네 정육점에서 사온 소시지를 굽고 있었다. 엠마뉴엘은 오이, 배추에 머스터드 소스와 올리브 오일을 가미한 샐러드를 만들고 있었다. 피망, 고추, 허브, 올리브 오일, 식초로 만든 샐러드와 체리, 멜론 등 과일도 준비됐다. 찐 감자도 저녁 식탁에 놓였다. 엠마뉴엘은 "고기, 야채, 감자에 치즈와 단맛의 디저트가 기본 식사"라고 말했다.

　남편은 소시지에 카메룬산 매운 소스를 발라 찐 감자, 샐러드와 함께 먹었다. 육류를 즐기지 않는 아내는 멜론부터 샐러드, 감자 순으로 식사를 했다. 딸은 바게트를 갈라 소시지와 마요네즈, 케첩을 넣어 먹은 뒤 감자를 으깨 먹었다. 아들은 소시지를 주로 즐겼다. 후식으로는 케이크와 체리, 프랑스산 와인을 곁들였다. 엠마뉴엘은 "보통 저녁식사로 고기를 프라이팬에 굽거나 훈제고기를 밀가루 반죽에 넣어 오븐에 구워 먹는다. 이탈리아식 라자냐(파스타·치즈·고기·토마토 소스 등으로 만드는 이탈리아 요리)나 피자, 오븐에 구운 닭을 먹을 때도 있다"고 소개했다. 아침식사로는 동네 빵집에서 산 바게트나 시리얼과 같은 간편한 음식을 먹는다.

찰스의 유기농, 제이미의 급식

영국의 찰스 왕세자는 열렬한 유기농 운동가다. 그는 1986년부터 영국 서남부 글로스터셔에 있는 자기 땅에서 유기농법으로 채소, 과일, 소, 양 등을 기르고 있다. 이곳에서는 유기농 비스킷, 초콜릿, 푸딩, 소시지, 햄 등 가공식품도 생산한다. 자신의 이름을 내건 유기농 식료품점에서 채소를 팔고, 유통업체에 공급하기도 한다. "영국인들의 건강을 위해 맥도널드를 금지해야 한다"는 발언을 해 화제가 된 적도 있다.

'15분 요리'로 유명한 영국 요리사 제이미 올리버는 학교에서 정크푸드를 몰아내기 위한 급식 개선 캠페인을 벌여왔다. 2000년대 중반부터 학생들에게 건강식을 제공하는 활동을 하며 학교 급식을 획기적으로 개선했다는 평가를 받는다. 중학교 과목인 '가정요리기술' 교육과정을 개발했고 초등학생용 식품교육 프로그램인 '부엌용 정원 프로젝트'도 진행하고 있다. 어린 시절 부모님이 운영하던 펍에서 요리를 시작한 그는 음식을 통해 삶의 질을 높여가겠다는 목표로 재단을 설립해 운영하고 있다. 최근에는 '설탕과의 전쟁'에 나서 충치와 당뇨를 막기 위해 당을 첨가한 음료에 20퍼센트의 세금을 부과해야 한다고 주장하고 있다.

9 기록일 여 빛깔

10

아바나에서
본 미래

쿠바 아바나
산티아고데쿠바
관타나모
2015
08.01-07

쿠바 공산혁명의 진원지이자 쿠바에서 두 번째로 큰 도시인 산티아고데쿠바에 사는 후아나(가명·33세)의 한 달은 '보데가Bodega'라 불리는 배급소에 가는 것으로 시작된다. 남편 로페스(25세)와 단둘이 사는 후아나가 보데가에서 타오는 것은 흰쌀, 검은콩 등 곡류와 계란, 소금, 설탕, 식용유, 커피다. 치약, 칫솔, 성냥, 양초도 배급소에서 구한다. 결혼 3년차인 부부는 아직 자녀가 없어 분유를 타올 필요는 없다. 닭고기 1파운드(약 450그램)가 매달 한 차례 나오지만 성인 두 명이 아껴 먹어도 몇 끼 만에 동이 난다. 계란도 한 사람당 매달 다섯 개여서 부족하기는 마찬가지다. 배급소에서 취급하지 않는 채소와 과일, 그리고 배급소에서 받을 수는 있지만 부족하기 짝이 없는 동물성 단백질은 농민시장에서 구해야 한다.

후아나 부부가 보여준 저녁 밥상은 소박했다. 흰밥과 검은콩 죽에 햄 두 조각, 아보카도 두 조각이다. 아보카도는 쿠바

아바나

쿠바

카브리 해

산티아고데쿠바

인들의 식사에서 빠지지 않는 음식이다. 최근 미국에 중남미 출신 이
민자가 많아지면서 미국인들 사이에서도 사랑받는 식재료가 됐다. 버
락 오바마 미국 대통령이 샐러드의 일종인 과카몰리Guacamole의 재료
로 아보카도 대신 완두콩을 쓰는 것은 이 음식에 대한 결례라는 트윗
을 올려 화제가 되기도 했다.

✕ "쿠바의 식재료는 유기농밖에 없다"

후아나는 거리의 시민들과 무선 인터넷 와이파이 사용 카드를 공유
해서 돈을 버는, 이른바 '비공식 경제', 즉 암시장 종사자다. 2015년 7월

부터 쿠바 일부 도시에서 개통된 무선 와이파이는 한 시간 쓰는 데 2달러, 즉 48쿠바페소가 필요하다. 쿠바인들의 월평균 임금이 600페소 정도이니 와이파이는 '사치재'로 볼 수 있다. 후아나는 와이파이 존에 우연히 모인 사람들에게 아이디 하나로 동시에 인터넷에 접속할 수 있는 서비스를 제공한다. 예를 들어 다섯 명이 동시 접속하면 각자 4분의 1 정도 비용으로 인터넷을 쓸 수 있다. 요즘 뜨는 사업인 데다 국가의 과세망 밖에 있으니 다른 사람들에 비해 소득이 높은 편이다. 부부의 월 소득은 900~1000페소다. 의과대학 심리학과를 졸업하고 7년간 지방대 교수를 지낸 후아나가 암시장에서 돈을 벌 수밖에 없다는 데에서 쿠바의 경제 현실을 엿볼 수 있었다.

쿠바 아바나 시내에 있는 미라마르 지구의 협동조합 농장에서 한 농부가 닭고기와 유기농 아보카도, 검은콩밥으로 식사를 하고 있다.

벌이가 괜찮은 후아나에게도 한 개에 7페소인 아보카도는 비싼 편이다. 후아나는 "아보카도가 없으면 밥을 먹은 것 같지 않으니 안 먹을 수 없다"고 말했다. 비싼 것은 아보카도만이 아니다. 아바나의 한 농민시장에서 쿠바인들이 즐겨 먹는 바나나 한 묶음을 10페소에 샀다. 바나나 60뭉치가 한 달 월급에 해당되니 이 역시 싸다고는 할 수 없다.

그래도 농민시장에서 구하는 식재료는 대부분 도시농업으로 생산한 유기농 작물이다. 살충제, 방부제 범벅에 수십에서 수백 킬로미터를 이동해온 농산물에만 익숙해진 다른 나라 사람들에게 유기농 식재료가 중심이 된 식단은 부러울 뿐이다. 그러나 아이러니하게도 후아나는 "쿠바에서 구할 수 있는 식재료는 유기농밖에 없다"며 불만 섞인 듯이 말했다. 그는 쿠바가 미국과 국교를 다시 맺은 게 쿠바인들의 삶에 당장 큰 변화를 가져올 것으로는 기대하진 않지만, 먹을거리가 좀 더 싸고 다양해졌으면 좋겠다는 바람을 갖고 있다.

쿠바에 일주일 동안 머물며 먹은 음식들은 대부분 심심한 편이었다. 조미료를 거의 쓰지 않았고, 식재료의 가짓수도 적었다. 메뉴도 다양하지 않았다. 관광객들이 가는 식당에서도 샐러드를 시키면 대개 얇게 썬 오이와 토마토에 소금 간을 조금 해서 내놓았다. 어니스트 헤밍웨이가 즐겨 마셨다는 칵테일 다이키리 한 잔을 하려 해도 안주는 단 한 가지, 바나나 튀김뿐이었다.

거의 전량 수입에 의존하는 밀가루로 만드는 빵은 볼품도 없고 자극적인 맛도 없었지만 담백하기는 했다. 방부제는 전혀 들어가지 않는다고 한다. 쿠바 아이들의 학교 급식에는 이 무미無味한 빵 몇 조각과

쿠바 동쪽 관타나모의 한 식당에서 파는 샐러드. 토마토와
오이에 소금을 뿌린 단출한 메뉴다.

빵을 찍어 먹는 기름이 나온다. 조미료와 맵고 짠 양념에 익숙해진 사
람에게는 맛있다고 하기 어려운 음식들이었다.

쿠바의 식단이 단조로운 유기농 중심으로 짜인 일차적인 이유는 미
국의 경제 제재로 식재료가 부족하기 때문이다. 쌀·밀 등 곡물을 포
함해 쇠고기와 생선 등 주식류의 80퍼센트를 수입하는데, 제재로 인
해 이마저도 좋은 가격에 들여오기가 쉽지 않다. 올리브유 같은 식용
유도 대부분 수입한다. 2007년 통계이기는 하지만 쿠바인들이 섭취하
는 영양분의 3분의 1을 배급이 책임진다는 정부 발표로 볼 때 전체 음
식의 20~30퍼센트가 수입되는 것이라고 볼 수 있다. 나머지 채소, 과
일, 육류 등은 정부 직영농장 등에서 자체 생산하는 유기농 제품이다.

2011년까지 모든 대중음식점이 국영이었던 점도 외식산업이 발달하지 않은 이유 중 하나다. 산티아고데쿠바와 가까운 동부 도시 올긴에서 만난 택시 운전사 호르헤(44세)는 "모든 식당이 국영이었다고 생각해보라. 얼마나 맛이 없겠느냐"고 말했다. 정부가 관광산업을 키우기 위해 2011년 주택과 자동차 소유를 자유화한 뒤 개인 식당이 늘어나면서 요즘에는 쿠바인들의 입맛에도 변화가 일어나고 있다. 아바나에는 한 끼에 50~60달러 하는 이탈리아 음식점들도 생겨났다. 하지만 월급이 25달러인 평범한 쿠바인들이 이런 음식을 먹는 것은 불가능에 가깝다.

✖️ 국영 기업에서 만들어 파는 아이스크림

민간 업체나 상점은 보통 '프리바테private'라 불리지만, 개인 식당은 프리바테 대신 '맛' '미각'이라는 뜻의 '팔라다르paladar'라 불린다. 그러나 팔라다르에 대한 규제는 여전히 심하다. 그래서 가족이 아닌 사람을 종업원으로 고용하기 위해 혼인 문서를 위조하기도 한다. 단속이 떠서 값비싼 바닷가재 요리를 창밖으로 던져버렸다는 에피소드도 들었다. 미국 내 쿠바 이민 3세로 중남미 요리 블로그 '헝그리 소피아hungry sofia'를 운영하는 아나 소피아 펠라에즈는 『쿠바의 밥상The Cuban Table』이라는 책에서 경제개혁 이후 가족 외의 종업원을 고용할 수 있게 됐고, 식당 테이블도 많이 놓을 수 있게 됐지만 여전히 값싼 재료

아바나 시내의 농민시장에서 주민들이 고기를 사고 있다.

가 부족해 쿠바의 밥상은 다양하지 못하다고 썼다. 펠라에즈에 따르면 쿠바 음식의 맛을 간직해온 것은 오히려 1959년 혁명 이후 쿠바를 떠나 해외에서 이민자 생활을 하는 사람들이다.

국영 식당이라고 모두 맛이 없는 것은 아니다. 더운 쿠바에서 국영 기업 코펠리아의 아이스크림은 서민들의 벗이다. 분유로 만든 한두 가지 메뉴밖에 없지만 코펠리아 가게 앞에는 긴 줄이 늘어서 있다. 1페소에 한 숟가락이고, 1달러를 주면 예닐곱 숟가락을 양푼 대접에 담아준다. 외국인들이 이용하는 개인 식당에는 코코넛과 비슷한 열대과일 마메이를 얼려 만든 고급 아이스크림도 있지만 코펠리아 아이스크림이 더 맛있게 느껴졌다.

지구상에 얼마 남지 않은 배급소에 의한 주식 공급과 유기농만 취급하는 농민시장, 그래서 암시장이 판치는 나라. 입맛을 자극하는 화려한 요리도 없고 식재료도 부족하지만 몸에 좋은 유기농 비율이 지구상에서 가장 높은 나라. 쿠바의 밥상은 어떻게 지금과 같은 모습이 되었고, 어떻게 변화해갈지 알아보기 위해 식당을 나서서 농장으로 향했다.

"우리 유기농의 핵심은 배고픔에서 시작되었다는 점입니다." 아바나 근교 알라마르에 있는 오르가노포니코스cultivos organoponicos(유기농 농장)에서 만난 농장 대표 미겔 살치네스는 옆쪽에서 다른 농장 일꾼의 설명을 듣고 있는 미국인 단체 관광객을 힐끗 쳐다본 뒤 이렇게 말했다. 그의 말에는 쿠바 유기농에 대한 자부심과 더불어 미국의 소비 문화에 대한 냉소가 담겨 있었다.

"핫도그와 햄버거를 양껏 먹는 미국인들이 쿠바에 오면 꼭 찾는 곳이 유기농 농장입니다. 요즘 미국인들의 관심거리라는 의미죠. 미국인들에게 유기농은 건강을 위한 것이고, 주로 돈 많은 사람의 관심사입니다. 그러나 우리에게 유기농은 사느냐 죽느냐의 문제입니다."

10헥타르 규모에 150여 명의 조합원을 둔 이 농장은 전국에 있는 300여 개 협동조합 가운데 가장 성공한 사례 중 하나다. 아바나 일대에 상추, 토마토, 오이, 배추, 근대 등 신선한 채소뿐만 아니라 닭고기, 계란까지 공급한다. 이곳 농부들의 평균 월급은 다른 곳보다 많은 800페소 정도다. 그래서 사람들이 선망하는 직장이기도 하다.

1997년에 설립된 이 농장은 조합원들이 일한 만큼 몫을 챙겨갈 수 있고, 농장 운영을 조합원들의 토론과 투표로 결정한다. 보통의 상업

아바나의 미라마르 지구에 있는 협동조합에서 유기농으로 채소들을 재배하고 있다. 미국의 경제 제재로 농업이 붕괴될 지경이었던 쿠바는 도시 곳곳에 이런 유기농 농장들을 만들어 탈출구를 찾았다.

적인 농장과는 다르지만, 사유재산을 인정하고 농장 자체에 자율권을 부여했다는 점에서 쿠바 공산혁명의 이상과는 다소 차이가 난다. 하지만 미국의 제재로 정부는 지난 20여 년간 협동조합 설립을 장려했고 이제 협동조합 종사자가 35만 명에 이른다. 다른 기업이나 업종은 국가에 내는 세금이 수입의 절반 가까이 되지만 유기농 협동조합은 5퍼센트밖에 내지 않는다. 고립되고 뒤처진 쿠바가 유독 강세를 보이는 것은 높은 수준의 의료 기술과 제약업, 그리고 유치원부터 대학까지 무상교육에 기초한 우수한 인력이다. 여기에 더해 요새는 유기농 협동조합이 쿠바의 '미래'가 되고 있다.

✕ 유기농에서 해법을 찾다

그 출발점은 '버림받음'이었다. 쿠바는 1959년부터 약 30년간 소련이 주도한 공산권 경제상호원조회의COMECON(코메콘)의 혜택을 받았다. 소련은 쿠바의 사탕수수를 시장 가격의 다섯 배를 주고 샀고, 쿠바는 소련으로부터 싼값에 석유를 수입했다. 이 기간에는 소련과의 교역이 쿠바 전체 교역의 85퍼센트를 차지했다. 한국이 전쟁 후 미국의 원조로 경제를 꾸려온 것과 비슷했다.

그러던 중 1991년 소련의 해체로 후원자를 잃은 쿠바 경제는 큰 충격에 빠졌다. 1962년 쿠바 미사일 위기 때 소련이 막판에 핵무기를 거둬들이며 쿠바인들이 받았던 충격보다 더 고통스러운 경험이었다. 먹고사는 문제와 직결됐기 때문이다.

"소련은 녹색혁명을 한다며 비료를 엄청나게 배포했습니다. 그런데 갑자기 비료가 없어졌어요. 살충제도, 농사지을 종자도 없었습니다. 아무것도 수입할 수 없었지요. 쿠바 농업 자체가 무너졌습니다. 주린 배를 움켜쥐어야 했지요."

올해 예순두 살의 살치네스는 당시 농업 기술자로 일했었다. 그는 배고팠던 시절을 이렇게 회고했다. 1989년만 해도 영아 사망률과 평균 기대수명 등을 종합한 삶의 질 지수에서 11위로 미국(15위)보다 앞서 있었던 쿠바인들의 삶은 황폐해졌다. 전체 칼로리의 57퍼센트, 단백질과 지방의 80퍼센트 이상을 수입에 의존하던 쿠바에서 북한의 '고난의 행군'에 비견되는 '특별 시기Periodo especial'가 시작됐다.

정부는 유기농과 협동농장에서 돌파구를 찾기로 방향을 정했다. 농업 기술자와 과학자들은 화학비료와 살충제가 필요 없는 재배법을 연구하는 데 총동원됐다. 살치네스는 지렁이를 이용한 분변토를 보여줬다. 지렁이 배설물을 이용해 만드는 천연비료인 분변토는 1881년 찰스 다윈이 책으로 써냈을 정도로 오래전부터 알려졌던 기술이지만 쿠바 농장에는 1990년대 이후에야 널리 퍼졌다. 커피, 망고, 옥수수를 함께 키워 해충을 헷갈리게 해 병충해를 방지하는 기술도 보여줬다. 이런 친환경 기법들이 아바나와 전국의 도시농장으로 퍼져나갔다.

그는 도시농업을 할 수밖에 없었던 이유를 두 가지로 설명했다. 우선 1100만 쿠바 인구 중 아바나에 250만 명이 모여 살 정도로 이촌 현상이 심해 농촌에 충분한 노동력이 없었다. 석유 공급이 끊기자 화학

아바나의 농민시장에서 농민들이 직접 재배
한 신선한 채소들을 팔고 있다.

비료, 살충제뿐 아니라 농산물을 운반할 차량도 운행하기 힘들었다. 농산물 운송 거리를 줄여야 했던 것이다.

1990년대 중반부터 도시 곳곳의 빈터와 버려진 공장 터가 농장으로 탈바꿈했다. 1997년까지 노는 땅이었던 알라마르 농장도 살치네스 등 전문가 네 명이 의기투합해 만든 것이다. 화학자, 목수들도 농장에 합류했다. 쿠바의 '유기농 실험'에 열광한 것은 주민들보다 오히려 외국의 전문가들이었다. 비상 조치로 시작한 도시농업이 '쿠바 모델'이라 불리는 지방분권화되고 탈산업화된 먹거리 체계의 모델로 떠올랐다.

한 미국인 관광객에게 알라마르 농장을 둘러본 소감을 물었다. 뉴멕시코 주 앨버커키에서 온 여성 관광객은 "미국은 값싼 음식이 넘쳐나면서 건강에 대한 관심 때문에 유기농을 점점 더 찾고 있는데, 쿠바는 굶주림과 연료 부족 때문에 유기농을 하고 있다. 이 극명한 대비를 어떻게 이해해야 할지 모르겠다"고 말했다.

미국과 쿠바의 관계 개선은 쿠바의 밥상에도 엄청난 변화를 불러올지 모른다. 미 공화당의 일부 의원이 쿠바와의 화해를 적극 지지한 것에는 카길 같은 거대 농업회사들과 코뱅크 같은 농업투자 금융 기관의 로비도 영향을 미쳤다. 이들은 마이애미에서 뱃길로 140킬로미터 떨어진 쿠바 시장에 눈독을 들이고 있다. 쿠바 정부가 야심차게 개발 중인 아바나 부근 마리엘 경제개발구의 항구에는 이미 매주 목요일 냉동육 등을 실은 미국 화물선이 들어오고 있다. 이 음식들이 언제쯤 후아나의 밥상에 오를지는 알 수 없다.

탈냉전과 함께 시작된 쿠바 유기농의 운명은 미국산 값싼 농산물들에 달려 있을지 모른다. 이는 본질적으로 쿠바의 체제 변화가 어디까지 갈 것인지에 대한 질문이기도 하다. 어쩌면 쿠바의 변화는 밥상에서 가장 극명하게 드러날지도 모르겠다.

기자가 만난 쿠바인들은 "우리는 풍족하지는 않지만 굶어 죽는 사람도 없다"며 자신 있게 말했다. 오랜 제재와 비효율, 부패로 배급제가 많이 무너졌다지만 유아와 노인, 빈민들에게 배급제는 없어서는 안 될 사회안전망이다. 2011년 이후 민간 부문이 경제에서 차지하는 비율이 25퍼센트까지 올라갔으나 쿠바의 실업률은 여전히 제로에 가깝다. 쿠바에 진출하려는 외국인 투자자들은 쿠바인을 정규직으로 채용해야

관타나모의 한 식량 배급소.

한다는 고용 조건을 가장 못마땅해하지만 쿠바 정부는 이를 양보할 생각이 없다.

　일주일간 아바나, 산티아고데쿠바와 같은 대도시는 물론 섬 동쪽 끝 관타나모와 올긴의 농촌을 돌아다녔지만 어디서도 노숙자는 보지 못했다. 미국 대도시의 밥상을 들여다보기 위해 취재했던 볼티모어의 '식품사막' 빈곤층의 아이와 노인들의 모습이 겹쳐졌다. 무엇이 우리를 이렇게 다른 모습으로 살아가도록 만든 것일까. 또 무엇이 우리를 점점 더 같은 모습으로 바꿔가는 것일까.

남미에서 북미로 간 과카몰리

과카몰리를 미국이나 캐나다 사람들은 줄여서 곽$_{guac}$이라고 부른다. 원래 멕시코 지방에서 많이 먹었던 음식인데, 히스패닉 이민자들이 늘어나면서 북미 전역으로 퍼졌다. 양념처럼 음식을 찍어 먹거나 발라 먹기도 하고, 샐러드로 먹기도 한다.

기본 재료는 아보카도다. 아보카도 3개를 껍질을 벗겨 잘라낸 뒤 으깬다. 토마토 2개를 잘게 썰어 넣고, 라임 1개의 즙을 짜 넣는다. 여기에 소금 1티스푼, 잘게 썬 양파 2분의 1컵, 다진 마늘 1티스푼을 넣어 섞는다. 고수나 후추 등의 향신료를 입맛에 따라 더하면 된다. 한 시간 정도 냉장고에 넣어 차게 식히면서 맛이 배어들게 한 뒤 먹는다.

헤밍웨이가 마셨다는 다이키리

　다이키리는 쿠바의 칵테일이다. 기본은 럼주이고, 과일즙과 설탕을 더해 새콤달콤하게 마신다. 럼주와 라임즙과 설탕 시럽을 각각 9:5:3의 비율로 넣어 섞으면 된다. 다이키리는 작가 어니스트 헤밍웨이가 즐겼다는 술로도 유명하지만, 쿠바 동남쪽 산티아고데쿠바 지역의 철광산과 해변의 이름이기도 하다. 현지 원주민 타이노Taino의 언어에서 나왔다. 미국 광산 기술자 제닝스 콕스가 미국-스페인 전쟁 기간 중 쿠바에서 일하다가 만들었고, 1902년 산티아고데쿠바의 철광산을 사들인 미국의 정치인 겸 기업가 윌리엄 체인러가 이 술을 뉴욕의 클럽에 전파한 것으로 알려져 있다. 다이키리는 보통 길쭉한 유리잔에 얼음과 함께 나오는데, 얼음 위에 설탕과 라임즙을 뿌리기도 한다. 헤밍웨이뿐 아니라 존 F. 케네디 미국 대통령도 이 술을 좋아했다고 한다. 1940년대에 미국에서도 이미 유행했는데 전쟁 기간이라 럼주를 구하기 힘들어서 위스키나 보드카로 만들곤 했다.

스페인과 아프리카가 만나 탄생한 쿠바 요리

 카리브 해 한복판에 있는 쿠바는 스페인의 식민 지배를 받은 전력이 있으며 스페인 사람들은 아프리카 대륙에서 쿠바로 노예를 끌고 왔다. 그래서 쿠바 요리는 미국과 멕시코, 아프리카, 스페인, 카리브 해 요리의 특징들이 모두 스며 있어 매우 독특한 양식을 띤다. 열대지방이라 과일과 채소가 풍부하게 나고, 라임과 레몬 같은 시트러스Citrus(귤속의 과일들) 종류가 널리 사용되어서 신맛이나 단맛, 짠맛이 오묘하게 조화되는 음식이 많다.

 쿠바 사람들은 마늘과 각종 향신료, 올리브유로 맛을 낸 콩밥 아로스 콘그리arroz congri를 주식으로 먹는다. 검은콩 수프도 많이 먹는다. 옥수수와 토마토, 양파, 마늘, 돼지고기 등을 옥수수 잎으로 싸서 삶은 요리 타말레tamales도 즐겨 먹는 것 중 하나다. 타말레와 검은콩 수프는 오래전부터 내려오는 몇 안 되는 쿠바의 전통 토착 음식이기도 하다. 주로 마늘과 올리브유, 레몬이나 라임즙, 고춧가루 등으로 만든 모호mojo라는 이름의 소스도 유명하다. 모호에는 주로 고기를 곁들여 먹는데, 고기는 오렌지 즙 등으로 재워뒀다가 뼈에서 살코기가 분리될 정도로 오랫동안 부드럽게 익혀 먹는 것이 특징이다.

 해산물도 식재료로 많이 사용하고, 건과일이나 올리브, 케이퍼 등도 식탁에 자주 올라온다. 페이스트리 빵 안에 설탕 시럽과 시나몬을 넣고 조린 열대 과일을 채운 쿠바식의 달콤한 디저트도 별미다.

 한국에서는 '아메리칸 셰프'라는 제목으로 개봉한 할리우드 영화 「셰프CHEF」에는 점심식사로 인기가 좋은 '쿠바 샌드위치'가 등장한다. 19세기 후

반 쿠바와 플로리다 노동자들이 먹기 시작해 쿠바를 대표하는 요리가 되었다. 직사각형 모양의 쿠바 빵에 버터를 살짝 바르고 얇게 썬 햄과 치즈, 피클을 끼운 뒤 머스터드 소스를 뿌리고 그릴 팬으로 눌러 먹는다. 토마토 같은 채소를 끼우기도 하지만 쿠바 사람들은 '지나치게 미국식이 되었다'고 해서 이런 샌드위치를 좋아하지 않는다. 쿠바 빵은 샌드위치뿐 아니라 쿠바인들의 아침식사로도 널리 사랑받는 음식이다. 미국인들이 도넛을 커피에 담가 먹듯, 쿠바인들은 그릴에 구운 쿠바 빵을 커피에 담가 먹는다.

GMO, 어떤 게 안전하지 않은지 알 수 없다

우리 밥상에서 유전자 조작GM 물질이 들어간 음식은 얼마나 될까. 한국은 2014년 GM 식재료 207만 톤(세계 1위), 사료 854만 톤(세계 2위)을 수입한 'GM 대국'이다. 우리는 유전자 조합을 조작한 옥수수와 콩을 식용유, 전분당(감미료), 과자, 빵 등 다양한 형태로 섭취하고 있다. 게다가 GM 사료의 상당량은 인간의 밥상에 오르는 가축이 먹는다.

1996년에 처음 등장해 갓 20년이 된 유전자 조작 물질의 안전성을 두고 논란이 계속되고 있다. '인류를 식량난으로부터 해방시켜줄 거라던 기술이 거대 식품업체들의 배만 불려주고 있다'는 비판이 제기되기도 한다.

하지만 소비자들은 자신이 먹는 음식이 유전자 조작으로 만들어진 것인지조차 알기 어렵다. 대형 마트에서도 유전자 조작 표기가 된 식품은 찾아볼 수가 없다. 경제정의실천시민연합 등이 2014년 6~7월 국산 식용유와 장류, 빵류, 과자류 등 503종의 가공식품을 대상으로 유전자 조작 표기 여부를 조사했는데 단 한 제품도 표기하지 않고 있었다. 유전자 조작 물질 표기 의무화를 시행하고는 있지만 면제 규정을 두어 지키는 업체가 없기 때문이다.

2015년 6월 영국 남부의 해안 휴양도시 브라이턴에 있는 서식스대 연구실에서 만난 식품 안전 전문가 에릭 밀스턴 교수(68세)는 "유전자 조작 식품이 모두 위험하다고 할 수는 없지만, 문제는 어떤 게 안전하고 어떤 게 안전하지 않은지 정확히 알 수 없다는 점"이라며 "식품에 표기를 하는 것만으로 충분하지 않다. 전문가인 나조차도 슈퍼마켓에 진열된 식품 표기만 보고는 안전성을 확신하지 못한다"고 했다. 그는 식품 안전이 빈부 문제와 관련되어 있다면서 "가난한 사람이 덜 안전한 음식을 먹게 된다. 좋은 음식은 더 좋아지고, 나쁜 음식은 더 나빠진다"고 지적했다. 밀스턴

영국 남부의 해안 휴양도시 브라이턴에 있는 서식스대학교 연구실에서 만난 식품 안전 전문가 에릭 밀스턴 교수.

교수는 '푸드 마일food miles'(식료품이 생산되어 식탁에 오를 때까지의 이동 거리를 뜻하는 말)이라는 용어를 만든 팀 랭 교수와 함께 2013년 한국에도 번역·출간된 『풍성한 먹거리 비정한 식탁The Atlas of Food』을 썼다.

예전보다 먹거리가 풍부해지고 식품 인증 기관도 많아졌다.
식품도 더 안전해졌다고 볼 수 있나.

식품 안전과 음식에 관한 세 가지 주요한 주제가 있는데, 첫째는 세균, 둘째는 화학물질에 든 독성, 셋째는 영양분이다.

세균 문제는 먹고 나면 금방 아프니까 알 수 있다. 몇 시간 안에, 하루 이틀 안에 증거가 나타난다. 하지만 세균학적인 식품 안전에 대한 완벽한 증거는 없다. 정부는 의사나 병원에서 제공하는 데이터에 의존

할 수밖에 없는데, 식중독에 걸리고도 병원에 가지 않는 사람도 많다.

1980년대 영국에서는 달걀에 든 살모넬라균이 전국적으로 문제가 되었다. 그 뒤에는 치즈 속에 든 리스테리아균 문제가 발생했다. 최근에는 닭에 든 캄필로박터균 문제가 대두되었다. 이 문제를 찾아내거나 해결하기가 더 힘들어지는 이유는 음식이 대량 생산되고 있어서다. 여러 곳에서 생산한 원료로 음식을 만들다보니 한 곳에 세균이 침투하면 여러 곳으로 번지기 쉽다.

세균 문제는 대개 높은 온도에서 조리하면 해결된다. 다른 한 가지 방법은 화학보존료를 써서 세균 번식을 막는 것이다. 하지만 음식을 상하지 않게 만드는 보존료가 길게 보면 인체에 해를 줄 수 있다. 소시지나 베이컨에 들어가는 보존료는 고기와 결합해 합성물질이 된다. 이것이 사람 몸에 들어가면 합성되어 발암물질이 될 수 있다.

둘째, 독성 문제는 매우 어렵다. 화학물질에 독성이 있는지 인간에게 직접 실험할 수 없기 때문에 연구실에서 쥐 등을 이용해 테스트를 한다. 하지만 동물과 인간에 미치는 영향이 같은지는 알 수 없다. 또 살충제나 식품첨가물 등이 미치는 영향을 확인할 때 세계무역기구든, 영국 정부든, 유럽연합EU이든 전문가들의 의견을 받는데, 이 전문가들이 화학회사나 식품회사에 다니는 사람들이다. 이들은 연구실 쥐 실험에서 괜찮다는 결과가 나오면 안전하다고 홍보한다. 안전하지 않다고 나오면 "사람에 미치는 영향과는 다르다"며 통과시킨다. 어떤 결과가 나와도 통과시키는 것이다. 이런 일을 자주 목격했다. 회사의 이익이 달려 있으니까. 정부와 업계는 자기들이 원하는 답을 주면 맞는 실험이라고 하고, 원하는 답이 나오지 않으면 실험이 틀렸다며 무산시킨다.

끝으로 영양 문제다. 한국은 잘 모르겠지만, 영국과 미국, 일본의 데이터를 보면 영양 섭취에 있어서 문제는 너무 많이 먹는다는 것이다. 이들 국가에서는 1억 명이 굶주리고 있는 반면, 다른 1억 명은 칼로리를 지나치게 많이 섭취해서 문제다.

미국은 식품 안전 문제에서 다른 것은 신경 쓰지 않고 세균 안전에만 신경을 쓴다. 유럽은 미국과 비교해 더 넓은 분야에 관심을 기울인다. 1970년대에 내가 식품 안전 연구를 시작했을 때에는 유럽보다 미국이 앞서 있었다. 그런데 광우병이 발생한 뒤 미국은 오히려 후퇴했고, 유럽은 나아졌다. 한국에서 온 제자 한 명이 '미국에서 광우병이 발생했을 때 미국 정부가 수입 규제를 풀기 위해 한국에 엄청난 압력을 넣었다'는 얘기를 하더라. 돈이 되기 때문이다.

2007~2008년 영국과 EU 국가들의 경기 침체 이후 가난한 사람들은 더 가난해졌다. 엥겔계수가 높으니까 계속 더 싼 음식을 찾게 된다. 슈퍼마켓들은 더 싼 것을 공급해야 팔리니까 값을 더 낮췄지만 그만큼 품질이 더 떨어졌다고 보면 된다.

여러 곳에서 식재료를 공급받다보니 세균 문제가 커진다고 했는데, 해결책은?

매우 높은 청결 기준이 필요하다. 한 생산 라인에서 소를 자른 뒤 같은 칼로 다른 것을 자르면 세균이 그대로 다 퍼진다. 소독을 한다거나 버리거나 하는 철저한 관리만이 해결책이다.

알고 싶어하지 않을 수도 있는데, 농축산물이 생산되고 도축되고 매장에 배달되는 과정에서 냉동트럭이 쓰인다. 이 트럭은 겉에서는 깨끗해 보이지만 안쪽은 그렇지 않다. 비용 때문이다. 몇 년 전만 해도 배달 트럭이 매장에 식료품을 싣고 갔다가 내려놓고 빈 트럭으로 돌아왔다. 하지만 지금은 비용을 낮추기 위해서 유통기한이 지났거나 버리는 음식을 실어서 돌아온다. 이 과정에서 트럭 내부가 세균 등으로 오염된다. 영국에는 다섯 개의 주요 슈퍼마켓 체인점이 있는데 단 한 곳만 트럭 안을 청소한다.

식료품을 나르는 플라스틱 상자도 세척하지 않는다. 식료품이 생산자에게서 소비자에게 배달되는 과정 중 세균이 옮겨질 가능성이 매우 높다.

생산과정에서 비용을 낮추기 위해 식품 안전이 위협받는 사례는?

많다. 생산 비용을 줄이려면 닭 사육장을 크게 만들어 최대한 많이 집어넣으면 된다. 그렇다보니 한 마리에 문제가 생기면 모든 닭에 문제가 옮겨간다. 몇 년 전 영국과 EU 국가들에서 버거에 쇠고기 대신 말고기가 들어가서 문제가 된 바 있다. 싸니까 속이고 넣은 것이다. 말고기 자체가 문제는 아니지만, 말의 관절염 치료제는 인체에 들어가면 안 된다. 문제는 말들이 이 약을 먹었는지 안 먹었는지 알 수 없다는 사실이다. 일일이 통제하는 것은 불가능하다.

유전자 조작이나 식품첨가물의 유해성을
일부에서 과장한다는 지적도 있는데.

문제는 어떤 게 안전하고 어떤 게 안전하지 않은지 정확히 알 수 없다는 사실이다. 과학자들 사이에도 어떤 실험을 해야 하는지, 어느 정도의 기간 동안 실험을 해야 하는지 아직까지도 결론이 나지 않고 있다.

미국과 유럽에서는 2000년대까지 매우 간단한 화학적 테스트만 했다. 유전자 조작 식품이 일반 식품과 구성 성분이 비슷하니까 안전하다면서 넘겼다. 나를 포함한 일부 과학자는 '이런 단순한 성분 분석 테스트로 안전하다고 얘기하는 것은 불가능하다. 생물학적 테스트(섭취했을 때 인체에 미치는 영향)와 화학적 테스트를 모두 거쳐야 한다'고 주장했다. 지금 유럽과 일본은 생물학적 테스트와 독성 테스트를 강제하고 있다. 하지만 미국은 여전히 화학적 테스트만 한다.

현재 진행되는 생물학적 테스트조차 얼마 동안 몇 마리의 동물에게 어떻게 테스트할 것인지 하는 규정들이 정해지지 않았다. 게다가 유전자 조작이 환경에 미치는 영향, 즉 벌이나 곤충은 어떻게 되고, 다른 동물들과 풀은 어떻게 될 것인지, 서로 연관된 문제에 대해서는 손도 못 대고 있는 상황이다. 유럽에서는 이 문제에 대해 국가별로 의견이 달라서 합의를 보지 못하고 있다.

몇몇 정부는 유전자 조작이나 식품첨가물을 명확히 표기해서 소비자가 선택하게 하는 것만으로 충분하다고 여긴다. 나는 그것으로 충분하지 않다고 본다. 식품 안전 전문가인 나도 슈퍼마켓에 가서 들여다보면 어떤 식품이 안전한지 모를 때가 많은데 어떻게 일반 시민들더러 성분 표기만 보고 결정하라고 할 수 있겠는가.

현재 EU 안에서는 1퍼센트 이상 유전자 조작 물질이 포함되어 있을 때만 표기를 하면 된다. 그런데 영국에서 가축에게 먹이는 사료 중 미국에서 오는 유전자를 조작한 콩이나 옥수수가 많다. 이것을 먹는 영국 가축에는 유전자 조작 사료를 먹었다는 표시가 전혀 없다.

식품 안전과 빈부 문제가 직접적으로 관련이 있다고 볼 수 있나?

가난한 사람이 덜 안전한 음식을 먹게 된다. 싸니까 사 먹는 것이다. 싼 음식들은 기름기도 더 많고 설탕도 더 많이 들어간다. 식품첨가물도 더 많다. 영국에서는 양극화가 심화되고 있다. 좋은 음식은 더 좋아지고, 나쁜 음식은 더 나빠지는 상황이다. 실제 소고기가 들어가는 게 아니라 소고기 향을 내는 음식을 만드는 식이다.

또 대형 슈퍼마켓에서는 정크푸드를 팔아서 더 많은 수익을 낼 수 있다. 예를 들어 신선한 감자를 파는 것보다 감자를 말려서 가공한 감자칩을 파는 것이 훨씬 더 이익이 된다. 소비자들이 정크푸드를 먹도록 유도할 수 있다는 얘기다.

도시농업, 텃밭, 로컬 푸드 운동을 통해
푸드 마일이 줄어드는 효과가 있었나?

도시농업에 참여하는 사람들에게 푸드 마일이 짧아지는 건 맞지만, 연중 지속적으로 농작물을 재배할 수도 없고 게다가 영국은 겨울이 길고 비가 많이 오는 나라다. 겨울에는 감자만 먹고 살아야 한다(웃음).

푸드 마일은 이산화탄소 배출에만 영향을 미치는 것이 아니라, 수출입국 양쪽에 영향을 미친다. 영국은 케냐에서 꽃과 껍질콩을 수입한다. 케냐에서는 이게 돈이 되니까 나이로비 공항 근처의 땅을 다 밀어서 꽃과 껍질콩을 생산해 영국으로 수출한다. 가난한 케냐 사람들이 먹을 음식을 경작할 땅을 돈 되는 수출품을 기르는 데에 쓰는 것이다. 굶주리는 나라에서, 이미 살이 쪄서 일부러 굶는 나라로 식량을 보내는 경우가 많다.

모든 식품 무역을 금해야 한다는 것은 아니지만, 식품 무역을 하는 업계 전체가 바뀌어야 한다. WTO 규정에는 자유무역에 대한 내용이 있는데, 그 규정에 따르면 모두 돈이 가는 대로 흐르게 되어 있으니까 가난한 나라에서 부자 나라로 식량이 흘러들어갈 수밖에 없다.

식품 안전 전문가로서 안전한 음식을 먹기 위해
어떤 노력을 하고 있나?

정크푸드를 먹지 않는다. 배가 좀 나와 있기는 하지만(웃음). (책상에 놓아둔 자두와 포도를 가리키며) 이런 것을 자주 먹고, 즉석조리식품을 안 먹으려고 노력한다. 식당에 가면 무슨 고기를 썼는지 모르니까 되도록 가지 않으려고 한다. 집에서 먹는 음식은 가공된 것 대신 신선식품을 구입한다. 신선한 재료를 사서 신선한 식사를 한다. 설탕도 적게 먹는다. 맥도널드 빅맥과 코카콜라를 35년 동안 한 번도 먹지 않았다. 딸은 그렇게 생각하지 않는데, 딸 친구들은 맥도널드를 한 번도 데려가지 않았다며 나를 '잔인한 아빠'라고 한다더라(웃음).

하지만 음식은 단순히 영양소 섭취만 하는 게 아니라 즐거움도 주어야 한다. 누구랑 먹는지, 맛있는 음식을 먹는지도 중요하다. 초콜릿도 먹고 친구랑 술도 가끔 한다. 그렇지만 고기 대신 생선을 더 먹고, 야채를 많이 먹는다.

유기농 식료품점에 가기는 하지만 거기서만 식료품을 구입하지는 않는다. 아무 가게나 가서 보기에 신선해 보이면 구입한다.

식품 안전에서 앞으로 가장 우려되는 점은?

유전자 조작에 대해서 제기되는 많은 종류의 문제점이 나노 기술에서도 나올 것이다. 식품업계에서는 나노 기술을 이용하고 싶어하는데, 그 영향에 대해서는 아직 유전자 조작과 마찬가지로 테스트를 어떻게 해야 하는지 규정이 되어 있지 않다. 워낙 작은 입자라서 어떤 영향을 미칠지 굉장히 우려된다. (나노는 '10억 분의 1'을 뜻하는 단위로, 1나노미터nm는 머리카락 두께의 5만 분의 1에 불과하다. 나노 물질은 크기가 매우 작아 다른 물질과 잘 반응할 뿐만 아니라, 체내 세포막을 뚫고 들어가거나 혈관 속으로 침투할 수 있어 우려하는 목소리가 나오고 있다. 하지만 식품업계에서는 식품의 영양성분을 높이고 유통기한을 연장할 수 있는 등의 장점을 내세우고 있다.)

또 유럽에서는 동물이 병에 걸렸을 때에만 항생제를 쓸 수 있는데 미국과 중국에서는 동물이 병에 걸리지 않아도 항생제를 사용할 수 있다. 사료에 항생제를 섞기도 한다(한국도 마찬가지다). 중국 서부 지방에서 연구를 한 적이 있는데, 농장 주인들이 항생제를 얼마나 많이 사용하는지 전혀 통제가 되지 않는 상황이었다. 항생제에 내성을 지닌 동물이 나올 것 같아 심히 우려된다.

에필로그

기름이 떨어진 트랙터는 말라붙은 밭에서 녹이 슬었고, 수확도 못한 작물은 들판에서 썩어나갔다. 메마른 목초지에서 가축 수만 마리가 굶어 죽었다. 1991년 소련이 해체된 뒤 지구 반대편 섬나라 쿠바에서 벌어진 일이다. 소련에 비싼 값에 설탕을 팔고 연료와 살충제·비료 등을 받아오던 쿠바는 일순간 기아 위기에 놓였다. 미국은 그런 쿠바에 대한 제재 강도를 더욱 높였다. 소련이 무너진 뒤 쿠바인들의 하루 칼로리 섭취량은 3분의 1이 줄었다. 국민들 몸무게가 3년 새 평균 13.6킬로그램이나 줄었다고 한다.

피델 카스트로가 이끄는 당시 쿠바 정부는 비상사태를 선포했다. 정부는 탈석유, 탈산업, 탈세계화를 위한 긴축계획을 세웠다. 종자를 공유하고 도시의 빈 땅에 농장들을 만들었다. 과학자들에게는 유기농으로 수확량을 늘리는 연구가 주어졌다. 농업 기술자들은 천연살충제를 개발하고 혼식과 윤작을 실험했다. 지금 아바나 일대에서는 농산물의 90퍼센트가 도시농장에서 유기농으로 생산된다. 한계는 있으나 적어도 쿠바에 정크푸드는 없다. 또 밥 굶는 사람도 없다. 비록 원치 않은 '강요된 고립' 속에 이뤄진 것이지만 쿠바의 먹거리 자급 모델은 세계에 시사점을 준다.

여기 실린 글들은 경향신문 기획취재팀이 2015년 2월부터 6개월간

준비해 8~9월 두 달 동안 신문에 연재했던 〈지구의 밥상〉 시리즈를 다듬은 것이다. 이 취재를 하면서 기자들은 세계 사람들이 무엇을 먹고 사는지 들여다봤다. 당초의 문제의식은 세계화가 어떻게 우리 삶에 영향을 미치는가를 '밥상'이라는 렌즈를 통해 보자는 것이었다.

먹거리를 모조리 수입에 내맡겨 정크푸드 천지가 된 곳도 있었고, 가난한 나라에 농장을 만들어 채소를 가져다 먹는 나라도 있었다. 인도의 빈민가, 미국의 대도시, 영국의 무료 급식소, 일본과 중국 중산층의 식탁도 들여다봤다. 먹는 것을 잣대로 세계를 본다는 것은 색다른 경험이었다. 재미도 있었고, 보람도 있었다. 하지만 씁쓸하고 안타까울 때도 많았다.

먹거리는 천차만별이었지만 '식탁의 글로벌화'는 부인할 수 없는 현실이었다. 70억 인구의 식단이 비슷해져가지만 동시에 밥상은 빈부 격차가 가장 먼저 드러나는 곳임을 확인할 수 있었다. 자본에 휘둘리고 첨가제에 오염된 먹거리를 계속 받아들일 것인지, 건강하고 차별 없는 밥상을 만들기 위해 새 식품 체계를 모색할 것인지는 전 세계의 숙제로 남아 있다.

지구의 밥상

1판 1쇄   2016년 1월 18일
1판 6쇄   2021년 7월 6일

지은이   구정은 김세훈 손제민 남지원 정대연
사진   강윤중
펴낸이   강성민
편집장   이은혜
기획   노만수
마케팅   정민호 김도윤
홍보   김희숙 김상만 함유지 김현지 이소정 이미희 박지원

펴낸곳 (주)글항아리 | 출판등록 2009년 1월 19일 제406-2009-000002호

주소 10881 경기도 파주시 회동길 210
전자우편 bookpot@hanmail.net
전화번호 031-955-2696(마케팅) 031-955-1936(편집부)
팩스 031-955-2557

ISBN 978-89-6735-288-2 03300

이 책의 판권은 경향신문과 글항아리에 있습니다.
이 책 내용의 전부 또는 일부를 재사용하려면 반드시 양측의 서면 동의를 받아야 합니다.

잘못된 책은 구입하신 서점에서 교환해드립니다.
기타 교환 문의 031-955-2661, 3580

www.geulhangari.com